同じ時代を生きて

武田志房
窪島誠一郎

三月書房

同じ時代を生きて　目次

同じ時代を生きて

写真撮影　前島吉裕
装幀　吉田　咲

飾らない姿

能楽師狂言方大蔵流
山本家当主　山本東次郎

武田志房さんは私の四歳下でいらっしゃいます。少年の頃の四歳差はかなり大きいと思うのですが、一緒に親しく遊んだ記憶がございます。

太平洋戦争によって貴重な能楽堂が数多く失われ、昭和二十年、敗戦を迎えた時に東京で残っていたのは、駒込の染井能楽堂と、今は青山に移られましたが、東急・多摩川園の遊園地の側にあった銕仙会のお舞台、そして私の家の舞台の三つだけでした。その我が家の舞台をお父様の太加志先生がお使いくださって、たびたび御会もなさっていらっしゃいました。そんな折、まだ五歳くらいだった志房さんや三人のお姉様たちもご一緒にお越しになって、我が家の姉弟たちと皆で集まって楽しく遊んだことで年齢差を感じなかったのだと思っております。そして大人になってからはまったく同世代の楽屋仲間としてお付き合いさせて頂いております。

さて私事で恐縮ですが、私は時々「大人になっていない自分」を知ることがあります。舞台のことは職業である以上避けて通ることはできませんし、趣味の蝶々については一般の方からすればかなりな知識を持っていると自負しておりますが、この二つのほかの人間社会についての認識は劣っていることは否めません。

ある時、友人たちと旅行をしていた時のことですが、広い草原を一緒に眺めていて私がふと、「この草原には××と〇〇のチョウがいて、ああいうところがポイントなんだよ」と申しますと、すぐさま叩き潰されてしまいました。「おまえ、いい年してまだそんなことやってるのか。俺だったらここでどんな事業ができるか、考えるよ。それが大人の男ってもんだろ」。

その時私はしみじみ、確かにそうなんだろうなあと納得しましたが、残念ながらそうした大人の生き方ができないのも事実です。

そういう意味では志房さんは若い頃から現実をしっかり見据えた大人でいらっしゃったと思います。お付き合いする方々も幅広く、遊びの仕方も幅広く、実に楽しい方です。

また、我々能楽師は、舞台を語る時は往々にして我田引水、読者や聞き手を置き去りにして自分の世界ばかりを捲し立ててしまうことがありますが、志房さんは能楽に馴染みのない方々が気軽にこの世界に入ってこられるよう、常に考えておられるようです。この本でも肩の凝らないエピソードを配し、親しみやすさを考慮なさってい て、能楽師であっても普通と変わりないところと、能楽師だから普通ではないところが絶妙に組み合わさって楽しいお話が展開されています。まさに大人で、うらやましく思います。

能楽師というのは大方、格好をつけて生きているもので、どなたの芸談をお読みになってもここまで自分をさらけ出していることはまずないと断言できます。こんな飾らない姿を見せてくださったのはたぶん対談のお相手である窪島誠一郎さんのお手柄ではないでしょうか。

実は窪島さんのお父上である水上勉先生は私にとってはたいへん懐かしい方で、特に三十代後半から十年くらいの間、様々お世話になりました。

ある時、たまたま軽井沢のお宅をお訪ねしますと、ちょうど窪島さんのことがわかって、四、五日後のことだったと思いますが、「君ね、ぼくにこどもがいたんだよ。しかも男の子なんだ」としみじみお話ししてくださったことを鮮明に覚えています。その時の、どこか複雑であって、でも心の奥の方から温かいものがじんわりと滲み出てくるようなお顔は忘れられません。

僕らの時代

武田邸にて

戦後の暮らし

窪島　今年、芸歴七十年なんですね。

武田　でも遅い方なんですよ、僕は。昭和十七年の二月の早生まれだから、終戦の昭和二十年八月がちょうど三歳半。通常は初舞台の年齢なんだけど、戦後のどさくさの最中だったから、正式に初舞台を踏んだのが五歳だったんです。今年七十五歳になったので芸歴七十年ですね。

窪島　僕は昭和十六年十一月二十日だから、ちょっと僕の方がお兄さんなんですよ。厳密に言うとね。

武田　百日ぐらいお兄ちゃん。

窪島　そうです。

武田　学年は一緒。

窪島　ただ僕はね、書き物にはいくつも書いていますけど、ちょっとインチキで、本当は九月二十日生まれなんですね。生みの母の日記にそうあって……東中野で生まれたんです。それで、もらい受けた窪島夫婦が十一月二十日に届け出たんでね。

武田　なるほど。

窪島　だから人生自体が最初から二枚舌というか、世を欺いて世の中に登場した感じで（笑）。

武田　窪島さんが世を欺いた訳じゃないから。周りが欺いたんだよ。

窪島　そうですね（笑）。ただ戦争中の、志房先生もそうですけど、あの年回りって言うんでしょうか、あの時代の空気の中で生まれた人は、何らかの形で世の中を欺いていくことを余儀なくされたような気がしますね。

武田　うん。かもしれないですね。

窪島　正直に、自分の自我の赴くまま生きるということはなかなかね。とにかく、国中が貧しかったですしね。

武田　僕が本当に恵まれていたのはね、戦争が激しくなった時に、まず埼玉県の草加に行って、それから若狭に行ったんです。

窪島　疎開されたんですね。

武田　その若狭が祖父の出の土地で、そこにうちの親戚でやはり能楽師をやっている武田小兵衛という人がいたんです。その人の家に居て、終戦になってちょっと落ち着いてから千葉の大貫に行った。大貫で祖父が「子供がいっぱいいるし」っていうことで、別荘というか海の家みたいなのが建ててあって、そこにずっといましたからね。そこは、めちゃくちゃ土地が広かったから、お国の命令で周りの人たちがサツマイモを作っているんですよ。その人たちは朝、海岸に行って地引網ひいて、午後畑を耕して、みたいな生活。

窪島　その時は四歳？　五歳？

武田　三歳半から四歳。

窪島　ちょうど僕が宮城県の石巻に疎開していた頃ですね。六年半前の大震災にあった渡波《わたのは》という石巻の村で、昭和十九年から敗戦の翌月までいました。

武田　大貫にいた時、うちはにわとりも飼っていたし、うちだけの庭っていうか畑みたいにしていたところもあったから、キュウリだ、ナスだ、カボチャだ、スイカだって、ね。

窪島　食べ物には不自由しなかったんだ。

武田　サツマイモは近所のお百姓さんがいっぱい作っていて、全部国の命令でやっているもの、ただ、それは改良品種の、農林一号っていう……。

窪島　ああ、農林一号。

武田　皮を剥くと紫色で、水っぽくて、美味しくないやつ、ほとんどがそれなんですよ。

窪島　そうでしたね。

武田　でもあの人たち、自分たちのものは別に作っていた。僕がたまに畑に行くと、おばちゃんが「坊ちゃん、坊ちゃん」って呼んでくれて「ここ掘ってごらん」って言うんですよ。で、そこを掘ると金時が出てくる。そういう風な生活でしたね。朝早く起きた時なんか、バケツみたいなの持って、ひとつ松林の砂山越えると海で。そこで地引網ひいているところに行ったら「好きな魚持っていきなさい」って言ってね。

窪島　大貫、いいところですよね。

武田　木更津の先のね、遠浅の海岸で。ここは向かい側が三浦半島で、あの頃はスモッグなんてないから、毎日毎日よく見えるわけです。そこに浦賀港があって、引揚者を運んだ船が世界から戻って来る。例えば上海とかインドとか、南方からね。その船が海岸から見えると、親の教えで「コレラ船だ」と。その頃はコレラが流行っていて、南方から来た船はコレラの菌があるから海に入っちゃいけないと教えられていたんです。「コレラ船がいるから今日は海に入っちゃだめよ」と言われると、その日は海岸から見ているだけでしたね。

あと、その海岸には左右両方に岩場があって、時季になると牡蠣がいっぱいくっついていて、それを採って持って帰って牡蠣ごはんを作ってもらったり、田んぼの畦へ行くと田螺がいっぱいいるので、捕まえてきて炊いてもらったり、そんなことをよくしていました。その畦には土筆が生えて、それも摘んできて炊いてもらったし、ドジョウを網で捕まえてとか、都会の生まれだけど田舎の子らしい生活が出来たので、今でも僕は畑を見れば、トウモロコシだ、ナスだ、ニンジンの葉っぱだ、レンコンだ、里芋だって、みんなわかります。米はあまり無くて、主食はほとんどがサツマイモ、カボチャかジャガイモ。でもたまに牡蠣ごはんとか、卵かけごはんを食べていたし、おはぎも作ってもらっていたから、米が無かった訳じゃないですね。

庭に面した雨戸はほとんど開け放しで、玄関は出入りに使わずにサツマイモだとかカボチャだとか、食べるものが山になっていた。近所に大きなビワの木がある家があって、実がなると竹の先に二又つけて「おばさん、ビワもらうよ」って言うと「どうぞ」って言ってくれたんで落として持って帰ったりね。他にもイチジクがあったり、田舎だからそういう面は良かったですね。

窪島　僕も、石巻に疎開していた時は、大きな海老を食べさせてもらったり、養父が親しくしていた洋服屋さんだったんですが、本当にやさしくしてもらいましてね。一番食べ物に窮したのは明大前に戻ってきてからですよ。

武田　うちもそうですよ。うちの父が最後の召集で戦争に行っていたんですよ。それで昭和二十一年に父が帰ってきて、昭和二十二年に東京に戻ったんですよね。もともととは牛込の矢来に三階建ての家があって。

窪島　新潮社の近く？

武田　そうそう、あの前を入ったところ。東京市牛込区矢来町二。家の玄関の前に防空壕が掘ってあって「うーーっ」ってサイレンが鳴ると僕が一番先に入って。防空壕楽しいんだよね。家族みんながいて、みかん剥いたりなんかしながら、それでおさまったら出てきてね。

そこの家と、大貫の家と土地とあって、お百姓さんに貸していた部分は、不在地主っていうんで全部国に召し上げられたから何も無くなって、あと武蔵小金井に百坪の土地があったのも不在地主ということで取られちゃった。売ったといっても矢来の家くらいで、もう本当に二束三文。それで父は、新しく家を建てるなんて状態じゃなくて、杉並の天沼っていうところに借家です。借地借家。そこへ昭和二十五年までいました。

窪島　昭和二十五年っていうと八つか九つですね。

武田　そうです。小学校三年から四年になる時に東中野に引っ越してきました。

窪島　そこで、僕が生まれた東中野とつながるわけなんですね。何だかわからないけれど、牛込区矢来町二ってのがすごいなァ。出発点がすごい。僕なぞからみたら、やっぱり先生はエリートですよ。

武田　僕は牛込の生まれだけど、父は神田生まれなんです。祖父が独立して最初に住んだのが神田だった。そこから矢来へ引っ越して、小学校が千代田区立富士見小学校、中学は府立五中、今の小石川高校の一期生です。お狂言の野村萬さん、万作さんは小石川高校の後輩ですね。

窪島　僕のほうは、東京で同日同時刻、何をしていたかっていうと「掘ったら金時が出てきた」みたいな宝島はなくて、玉川上水の土手でチソ（紫蘇）を取っていたんです。チソを洗ってお塩を振ると一品料理になる時代でね。よく夕方になると土手に出てね、隣に成徳高校に行っていた高橋光代ちゃんっていう女の子がいて、その子もチソを取りに来るんですよ。

武田　彼女に会うのが目的で行ったの？

窪島　いや、チソですよ（笑）。

武田　いやいやいや（笑）。

窪島　しかし、あの頃の世田谷あたりは本当に物不足でね。ただ、うちの親父は明治大学の前で靴の修理をやっていたので、明治大学っていうのは進駐軍、アメリカ逓信部か何かあったんですね。ですからバナナとかチョコレートとか、突然舶来の美味しいモノを貰ってくるんですよ。それが楽しみでしたね。

武田　それはうちも。ロサンゼルスとサンフランシスコに、玄人の弟子がいたんですよ、父の。その人たちが小包を送ってくれるんですよ。段ボールみたいなそれが来ると、「わあ、アメリカの小包」っていって、中にハーシーのチョコレートとか美味しいものがたくさん入っているんです。

窪島　僕は、昭和二十年の九月に石巻から東京へ帰ってきました。

武田　ああ、早かったんですね。

窪島　あの頃は東中野もごちゃごちゃしていましたけど、僕を二歳で預かった窪島家の明大前、あそこまで焼けちゃったんですね。下高井戸から先は焼けなかった。

武田　なるほど。

窪島　まあそんなふうに、疎開していたおかげで、家は空襲で焼けましたけれど、親子三人何とか命拾いして生きのびたんですから、何もかも運命でしたね。しかし、あの頃の幅五メートルの甲州街道は、やがて経済成長のもとで、幅何十メートルもの高速道路に変わっていって、あらゆるものが音を立てて変わっていくっていう感覚がありましたね。

武田　道もね、無い道が出来ていますね。

窪島　そうでしたね。言いかえれば僕なんか、無い道を自分で作ってきちゃったふしがある。

武田　あの辺だと一番面白いのは、昔の面影というか水道道路ね、カギの字になっている、明大前の近くのね。

窪島　そうそう、大岡昇平先生なんかがそのあたりのことはよくお書きになっていらっしゃいます。僕もあそこはよく歩いてね。昇平先生の自伝小説に出てくる水道道路、井の頭通り、あそこらへんですね。まだあの頃は、ほんと雑木林ばっかりでした。

武田　それと、青山通り、２４６ですね。あれが昔は『馬糞通り』って言われた土の道だったそうですよ。僕はその話を、今の皇后陛下から伺ったことがある。まだ皇太子妃でいらした頃、東宮御所で能を催した時に「お住まいは？」とか「お父様は」とか話しかけてこられて、角さんという先輩が「私はいま材木町におります」と答えたら「ああ、じゃあ青山通り沿いですね。私は聖心に通うのにいつもあそこを通っていましたが、その頃は『馬糞通り』って呼ばれていたんですよ。今はもう立派な道になりましたけれど」などとお話になられたことを思い出しますね。馬車が通るような土の道が、今や立派な道路になったし。青山トンネルだって無かったから。東京オリンピックの時、道が出来たんですね。

窪島　いずれにせよ、生まれは昭和十六、十七年ですけど、同じ空気の中で生きてきたから、全く畑が違うんだけど、同じ時代を語ることが出来るんですねぇ。

武田　世田谷区立の小学校でしょ？　僕は中野区立塔山小学校。最初に入ったのは杉並区立第九小学校で、小学校四年生からこっち。

窪島　僕は靴の修理屋が両親でしたから、松原小学校から梅丘中学校へ行って、中学校出たら靴の修理屋だと思ってました。丁稚奉公にゆく池の上にある大久保靴店まで決まっていて、親父と挨拶にまで行ってました。ところがその梅丘中学校の宮垣辰雄という社会科の先生が……三十代で亡くなっちゃったんですけどね、その先生が、窪島だけは、誠一郎君だけは高校だけでも上げてやってくれって言って、うちの両親を説得してくれたんですよ。説得っていうか、何ていうか、熱心にねぇ。僕は成績がもう、超悪かったものですから、先生の靴が自分の家に並んでいると、テストのことで来ているのかなと思って。憂鬱で遠回りして帰ったら、実は違っていて、両親を説得しに来ていたんです。そこからが面白いんですが、靴の修理屋になることがもう半分確定していたんですけど、宮垣先生の説得に母親のハツが同意して、今度はハツが父親の茂を説得してくれて、じゃ、高校には上げてやろう、ってことになった。あの頃、僕らの学区には、東京都立桜水商業高校っていうのがあったんです。第二区か第六区かのエリアには十三校学校があって、新宿高校とか戸山高校とかはみんな頭のいい子が行って、桜水高校は相当成績がダメでも入れるっていう噂があった。ところが、そこを落ちちゃったんですよ、僕は。

武田　えっ？

窪島　誰でも入れる高校を落ちちゃったから、もう観念するっきゃない。今度こそ靴の修理屋だと思っていたら、また宮垣先生のでかい靴が並んでいて「もう一校ある」と。第二次募集をやっていて、新大久保近くに海城高校っていうのがあるって言うんです。

武田　うんうん。

窪島　そこを受けさせてやってくれないかと。そこは私立だけど都立と同じぐらいの授業料だと。で、今度はそこを受けたんですよ。そしたら、先生、聞いてくださいよ、三十七番で入ったんですよ。先生、軽蔑した目で僕を見ているけどね（笑）、海城高校はいまや東大入ったり京大入ったり、すごい高校に出世してるんだよ。

武田　ほんと、びっくりする。海城がそう？　って。新御三家っていうんだって。

窪島　灘高、ラ・サール高と並んで。

武田　いまはね。

窪島　「いま」に力入れないで（笑）。確かにあの頃は大したことないヤツが行っていたの、劣等生がひしめきあっていた（笑）。それで、その中に徳光和夫君がいて、徳光君がいま同窓会長やってます。

武田　塔山小学校にも、海城と明大中野は生徒が集まらないから無料でもいいから入学してくれって校長と副校長がお願いに来ていましたよ。入学試験受けて行く中学なんて数少なかった頃ですから。その頃、僕のクラスから私立中学へ行ったのは、男子は僕ともう一人だけ。その一人が海城に行ったんだけど……、辻君って、知らない？

窪島　……聞いたことあるかな。

武田　私立に行った女子は一人で、その女の子と僕は中学入試の試験日がたまたま一緒で僕が試験の帰りに母親と神楽坂にあった山田五十鈴さんのお店、甘味処というかお汁粉屋さんに寄ったら彼女も母親と一緒にその店に来て、お互いに中学入れるといいね、なんて話をして。二人とも合格しましたけど。

僕は中学高校と暁星へ行ったんだけど、暁星の入試では校長と面接があるんです。筆記試験はあったけどすごく簡単だった。面接の時、校長が内申書を見て「ずいぶんいいことが書いてあるね」って言うから（本当にそうなんだぞ）って思っていたの（笑）。音楽と図工以外は全部プラス2だったからね。今の五段階でいうと五。その面接で二、三質問があった。その時の千円札を出されて「これは誰ですか」「聖徳太子です」小学生がそんな高額紙幣を持ったりしない時代なんですよね。で、裏側を見せて「この建物は何ですか」「法隆寺の夢殿です」そう答えた記憶がある。「はいよろしい」で終わり。

高度経済成長

武田　あのスナックは、何年から何年までしておられたのですか？

窪島　二十一歳から始めて、三十一歳で終わりましたから、約十年ですね。

武田　昭和三十七年？

窪島　昭和三十八年です。三十八年の十一月十五日。

武田　ということは僕が大学三年か。

窪島　ああ、そうですね、僕は高校出てすぐ渋谷の「東亜」っていう婦人服専門の生地屋に勤めました。そこでアルバイト時代を含めると三年くらい世話になったんです。道玄坂の下でね。韓国の女性社長さんがやってらして。その競争相手だったマルナンっていう服地店が今の１０９、大きなファッションビルのデルタ地帯のあっち側にあって、真向いの現在マツモトキヨシがあるところが、「東亜」だったんです。そこで店員をやっていました。地下のレジ係でね。で、勤務が終わると、バイトで裏の「マリンバ」っていう喫茶店でも働いてました。

武田　あ、「マリンバ」知ってる。

窪島　ありがとうございます（笑）。「マリンバ」で夜、パートでバイトやっていた時に、吉井さんっていうチーフが、何か青いシロップ入れて、炭酸入れて、チェリー入れて、あの頃一八〇円とかいって売っているわけですよ。僕、それを見ていて、これならやれそうだって。

武田　（笑）ああ、それがきっかけ？

窪島　そう。

武田　角川春樹君ね、僕の大学の同級生なんです。彼が大学二年の時スナックを始めたの。父親に勘当されて、生活費も学費も貰えないから、新宿御苑でスナックというかバーを始めて、僕はけっこう飲みに行ってあげたんです。僕の友人の齋藤君は、角川君と國學院久我山高校から一緒で、その久我山グループと僕は仲良くしていたから

「清水（註・本名）、お前酒が飲めるんだから角川の店に行ってやってよ」って言われて。だから窪島さんがスナックをやってお金を儲けたっていうのもわかるんですよね。
　しかし、窪島さんとは本当にいっぱい縁があるんだよね。「東亜」の話で僕、大学が國學院だから渋谷だったわけ。あの辺、年中動き回っていたんだよね、井の頭線の下の「タイガー」っていうパチンコ屋とかこっち側の「大番」とか。

窪島　僕は、あんなところ行きませんよ（笑）、もうちょっとインテリだったから。246上った「DIG」っていうジャズ喫茶とか、坂の真ん中あたりの中村書店っていう古書店とか。でも意外だなァ、能楽師のいいとこのお坊ちゃんがあんな「タイガー」なんて（笑）。

武田　でもACB（アシベ）とかは行ったね。ロカビリーをやっているところは結構行ったんですよ。山下敬二郎とか平尾昌晃とか、ミッキー・カーチスね。そのうち守屋浩とか坂本九、森山加代子なんかも見に行った。そういえば「東亜」の向かい側あたり、ここに廃ビルみたいな三階建ての家があったんです。そこはね、「遊戯ジャーナル」っていうパチンコとかボウリングとか遊びの方の新聞を作っている人がいて。

窪島　お願いしますよ、そういうとこばっかり行ってる（笑）。作っている人がどうしたんですか？

武田　それが、同級生の親父だったわけ。それで今は、その同級生が社長をやっているんですけどね。その頃「手伝ってくれ」って言われてバイトしたことがあるの。新聞たたんだり帯封したり。

窪島　僕もうまいですよ。こうやって（紙をそろえる動作）空気入れてトントンってやるの。明大前の山下印刷ってところで、中学時代アルバイトしていたんで。

武田　帯封をダーッってこう並べて、五ミリづつずらして、刷毛で糊をやって。その頃筋向かいにいたんだね、窪島さん。

窪島　そうそう。でも「東亜」では地下売り場にいたんですよね。面白い縁があってね、サンフランシスコに日米毎日っていう邦字新聞の新聞社があって、そこの社長をやっていた長野県川中島出身の松尾明さんっていう人が、その頃僕と一緒に東亜で働いていた男でね、ずっと後に野田英夫という日系画家のことを調べるためにサンフランシスコに行った時、彼の会社に挨拶に行ったら、一目みるなり「あの頃東亜で働いていましたね」なんて言われて。つくづく、世間は狭いものだって思いましたね。

それでね、僕は東亜ではレヂだったんですが、杉野ドレメとか文化服装学院の可愛い子が来ると、ちょっとスカート地とかカーテン地を多めに切ってね（笑）、窪島がレヂに座ると在庫が合わないなんて言われて、もうむちゃくちゃ。

武田　（笑）。僕、他にもバイトやったことがあるんですよ、大学時代に。友達に誘われてね。大学一年の終わりの春休みに、品川区役所で。国民年金が二年後に出来るから、加入しなければならない人、商店主とかそういう人の名簿を作って、保険の勧誘みたいなものですね。一日三八〇円か何かだったな。それを十日間やったんだけど、僕は一日目に行って話を聞いて、その日に「じゃあ、皆さん行ってきて下さい」って言われて。地域が決められていて、僕は西小山だった。商店街で加入しなければいけないリストの人に説明して、書類を書いてもらう。僕は三十何人も加入してもらってきたの。そうしたら、友達グループで行ったんだけどみんな僕と全然違うのね、数が。「俺、十二人しかとれなかったよ」とか。二人とか三人とか言っている人がいるわけです。内容が理解出来てないから、ちゃんと説明出来ないんだね。馬鹿らしくなって「これは明日から間引きしなくちゃ」って思って、翌日も四十いくつかとったんだけど三日分に分けて、その日は十五人分くらい提出して、あと二日は行くのをやめてしまったりしてね（笑）。だって、僕の地域内で加入しなくてはいけない人は、三日で全員入ってしまったから。商店主が加入すると、その奥さんはどちらでもいいんだけど、僕が説明すると大抵入るんですよ。「お前も入っとけよ」とか言ってくれてね。

サラリーマンの奥さんも、ご主人はダメだけど奥さんは入れると思って時間が余ったからそういう所も行ったりしたのね。そうしたら一人きれいな奥さんがいて「この人を入れてあげよう」と思って一生懸命説明していたら「どうぞお上がりなさいよ」ってお茶か何かご馳走になって（笑）。

その次の年の夏休みは、白木屋のお中元の仕分けをするバイトをやりました。蔵前国技館を白木屋が借りて、その作業をしていた。たまたまその時友達は会社関係のお中元の担当で、僕は個人の担当だった。初日に行ったらバイトが十五人くらいいて、係長がみんなに作業の説明をしてくれた。ヤマト運輸と相鉄と日本通運と三つの会社が入っていて、相鉄が世田谷区と都下、日通が何区と何区、それ以外がヤマト運輸、と決まっていた。伝票を見て、その仕分けもするんです。でも地方出身者が多くてよくわからないわけね。僕はすぐわかったから係長が「清水君、ここ（仕分け）やって下さい」って。僕、全然荷物運ばないで、テーブルに座って「これ、こっち、これはこっち」って、人を使っちゃって（笑）。係長なんて「清水君いるから助かるわ」とか言って全然仕事しないで「ちょっとお茶飲んでくる」なんて（笑）。僕、係長みたいなんですよ。大体六時頃バイトが終わって、ある日「飲みに行こうか」って言って、四、五人で飲んでいたら、みんな僕を白木屋の人だと思っていたの（笑）。「え、清水君バイトだったの？」って。みんなに指図していたから（笑）。

「配送」のバイトだから力仕事なんで時給が高かった。あの頃バイト代の相場は三五〇円なんだけど「力仕事」だから四〇〇円だった。僕は舞台がある日までの十日間だけ働いて給料をもらって、翌日、昔の修能館での会を手伝ったらその一日で白木屋のバイト代よりはるかに多いお金を貰えたのね。でもお金の有り難みは違うんです。毎日蔵前まで通ってね。電車賃はくれるんですけど、あの頃確か浅草橋まで二十円か三十円だから。でも「ああ、これは働いてもらったお金だ」って気がした。
もう、その次の年からは本業に忙しくなって、それからバイトはしませんでした。

窪島　あの頃はもう本当に高度経済成長の入り口でね、今にして思うと、ヒタヒタヒタヒタと岩戸景気が押し寄せてくる感じで。とにかく「トヨペットクラウン」とか、それまで庶民の手に届かなかったモノが、どんどん生活のなかに入ってきた。

武田　自動車産業が急成長した頃だったね。トヨペットクラウンは、ドアの開き方が「観音開き」で有名だったんだけど、ドアを閉める時、骨折したりする人が出て、結局クラウンは最初のモデルだけで観音開きはやめたんです。その頃、観世元昭さんがレンタカーを借りてきて、元昭さんの友達の歌舞伎の鼓打ちの田中里次郎さんが免許を持っていたんでその方の運転で僕達を海に連れていってくれたことがあったんだけど、その時の車がクラウンでしたね。もちろん冷房なんて無いけど、その頃は夏泳ぎに行くのでもそんなに暑くなかったですよ。窓を開けていれば平気だった。

窪島　「東亜」で僕は、なんか布地の安売りの呼びこみを外に向かってやっていて、となりに「パウリスタ」とか「サンパウロ」とかいう喫茶店があって、これは今もあるけど、「パーラー西村」なんかにもチラシを配りまくって……。

武田　本屋があったでしょ？

窪島　大盛堂、ありましたね。あの頃の渋谷って、表通りはにぎやかなんだけど、ちょっと裏に回ると宇田川町で、ヤミ市とまでいかないまでも何かどんよりした感じがあって、坂を上っていった先には今の松濤の方へ行く円山町で。今はラブホテル街になっていますが、同じ色街でも、ちょっと時雨の似合うすてきな色街の佇いがあった。

武田　芸者がいてね。そうそう、百軒店ってあったじゃない？

窪島　あったあった。

武田　百軒店ってさ、ラーメン屋とか食堂みたいなのがダーッとあって、そこへ行くとめちゃくちゃ安いの。

窪島　三十五円ぐらいだったかな。

武田　ラーメン三十円。

窪島　三十円だっけ。

武田　ラーメン三十円、ワンタン二十円ってのがあるんだ。

窪島　でもね、何が入っているかわからないんだよ。

武田　渋谷食堂っていうのがあってさ、そこのトンカツは猫だって、もう有名で。

窪島　（笑）。だって、路地歩いている猫がみんな姿を消したんですよ。

武田　渋食は学生が多いんだ。慶応の学生や、國學院とか女の子の学校も結構あったし、その頃から学生がすごく多い街で。「渋食は猫のトンカツ」っていうのはすごく有名だった。それから、百軒店から東急本店へ行く、細い路地のちょっと右側に「サモワール」っていうロシア料理の店があったの。

窪島　あ、細いところ上がった右側ね。昔、東亜の経理やってた大木さんって人が連れて行ってくれたことがあった。おいしいもの食べよう、って。

武田　こんな小さな路地の話をすると、窪島さんとすごく話が合うんですよね。それで僕ら学生なのにさ、そこに出入りしていた。「バラニエピラフ」っていうのがあるの、羊の肉のピラフ。それが美味いの、九十円か何かなのね。百軒店で食べたら三回食べられるんだけど。

窪島　奮発してたんだなぁ。
武田　たまに「サモワール行くか」っていって友達と行くでしょ。何杯でもおかわり出来るの。おかわり自由じゃないんですよ、なぜかっていうと羊の肉だから必ず石ころが入っている訳。羊が消化を助けるために石を食べているからね。「おばさん、石が出てきた」って必ず言うんです。すると「今日はいくつ欲しいの？」って言われて「あと二つ」って言ったりして。
窪島　ちょっと、意味がわからないんだけど……。
武田　「おばさん、石が入ってるよ」って言うと、最初の頃は「ごめんなさいね、じゃあ、もう一つ作るから」って言って出してくれていたのが、ちょいちょい行って顔見知りになったら「今日は何杯おかわり？」ってね。そんなこと覚えているな。
窪島　ああ、クレームか（笑）。あの頃渋谷から明大前に帰るのに二十円、神泉まで歩くと十円で帰ってこられるんで、遊びがてら246沿いを歩いてね。玉電の線路があって、あそこに夕陽が沈むんですよね。赫奕《かくやく》とした夕陽に街中が染まって。あの頃、月給が五千円でしたからね、家に帰ると靴の修理屋の親父が、薄暗い家でカレーライスを食べているところへ戻んなきゃいけない。何か、あのね、赫奕と夕陽に染まった自分の姿が、こっちのガラスに映るんです。にきびがいっぱい出来て背がひょろひょろと高くて、それを見ながら、俺は将来結婚出来るんだろうか、人並みな人生を生きていけるんだろうかなんて考えてね。しょんぼり明大前へ帰って、五十円で、甲州街道沿いの「四国屋」っていう店でうどんを食べるんですよ。それが唯一の楽しみっていうかね。あの絶望がどうしてこの歳になると、美しくロマンチックに思えるんですかねぇ……あの夕焼けの色といい、何といい、どうしてこんなに美しく想像されるんだろう、あんなに絶望的だったのに。

武田　いや、やっぱりあれですよ。心が豊かになっているから。

窪島　いや……豊かなんだけど、残高が不足してる（笑）。

武田　さっきの「渋谷から明大前まで二十円、神泉からなら十円」っていうの、感覚としてわかるな。あの頃の電車賃ね。僕は小学校の頃から、木場の先の東陽公園の所に貨物の線路があって、そこを行った鉄橋の上から釣りをしに行っていたんです。新聞で干潮の時間を見て、砂浜でゴカイを掘って餌にして釣って持って帰るんです。食事はコーヒー牛乳とコッペパンにピーナツバターか何かつけてもらったのが二十円か三十円。高田馬場から都電で釣り場まで往復十五円、バスが東中野から高田馬場まで往復十五円。だから交通費は三十円、全部で五十円もあれば釣りに行けて、ハゼとかキスをたくさん釣って帰っていました。そんなことも出来ましたね。

井ノ頭線っていえば、さっき言った大学の友人で、今「遊戯ジャーナル」の社長をやっている齋藤君っていうのが浜田山に下宿していたんですよ。あの頃の浜田山なんていったら、駅降りて三十メートル行ったらもう畑ばっかりで。

窪島　そうそう。そうでしたね。

武田　彼が、九州から出てきた友達と二人で六畳くらいの下宿に住んでいて、ある時「すき焼きやろう」ってことになって。「清水は一番金を持っているから、肉、持ってきて。米はうちにあるから、野菜は俺たちが用意するから」って。結局五人集まったんだけど、何も買ってないの、彼らは。野菜は全部、その辺からひっこ抜いてきちゃっているし（笑）。

窪島　あの頃は、そこかしこが治外法権でしたよね。

武田　全然平気っていうか、ネギだとか、いろんなものをね。
窪島　でも、あの粗餐ですら楽しくてね。
武田　友達とね、大勢でやっていると楽しいものだから。
窪島　僕はあんまり無かったですけどね。そういう友達っていうのが無くて、食べ物っていえば親子三人が寄り添って食べたものしかなかったですね。そう、いつの頃だったか、生まれてはじめて有楽町のアラスカっていうお店で、スパゲティをフォークとスプーンでくるくるっとして食べました。今から思えば、金子正美さんっていったかな、今生きていれば九十歳くらいの女性（笑）。あの頃もう有楽町には芸術座っていうのがあってね、あそこでアルバイトしてた時があった。……僕ね、そろばんが出来たんですよ。親がそろばん塾にだけは通わせてくれて、なんとそろばん一級なんですよ。それでそろばんが出来たものだから、年末の忙しい給料計算の時に募集があって、半月くらい、芸術座の五階か六階の事務のところで働いていた。そうしたら真向かいに、やたらと思わせぶりに足を組みかえるつけまつげの女性がいて。その人千葉県の猫実《ねこざね》ってところから通ってきていた人で、デートに誘ってくれた。その頃デートって言葉があったかな。「あなた帰りはどこ？」って。「明大前です」って言ったら「ご飯食べよう」って、連れて行ってくれて。はじめて洋食っていうのをね。どうやって食べるのかなと思ったら、彼女がくるくるっと食べて。めちゃくちゃ大人の世界に第一歩踏み入れて……童貞を捨てた日のような気がしたくらい、生まれて初めてのパスタ経験（笑）。あの頃は青春がつまっていたなあ。

武田　その辺は、だいぶ違うんだよね、申し訳ないんだけど。僕は好き放題だった。中学行って最初に隣の席に座ったのが菅沼っていう子で、彼のお母さんが伊勢丹の前の交番の角のビルを持っていて、二階が「グリル菅沼」というレストランだったんです。彼の家は上野で旅館をやっていて、他に親父さんが重工業の会社をやっているから、めちゃくちゃ金持ち。で、ある時生物の先生から、動物園へ行ってレポートを出せみたいな宿題が出た時、菅沼君が「清水君、僕の家は上野だから一緒に行こうか」って誘ってくれて。一緒にその子の家に行って、その頃スプーンついて皿に乗ったアイスクリームなんか無いじゃない？　アイスキャンディーくらいしか。旅館だからそういうのを出してくれたりして、お母さんが「清水君、おうちが東中野だったら新宿にうちのお店があるから、よかったら一緒に行ってお昼食べない？」って誘われて、グリル菅沼へ行ってエビフライか何か食べましたね。そして「いつでもいいから来て、好きなもの食べてちょうだい」って言われて。それから東映の映画を見に行った帰りとかに「こんにちは」って行くと、友達が一緒でも何でも平気だった。

窪島　信じられない（笑）。育ちがいいんだよねぇ、先生は、やっぱり。今、対談して切々とむなしさを感じるのは、やっぱりね、何かね、僕は川魚なんですよ。先生は海の魚で。

武田　僕はマグロで？（笑）。

窪島　そうそう。それも、すごい高級マグロ（笑）。

武田　大間のクロマグロね（笑）。

窪島　本物派って、物怖じせず「俺はマグロだ」って言える。僕は悪いけど、名前のついてない雑魚、なぜかいるんだよ、岩陰にね（笑）。でもね、多少なりとも川魚と海のマグロと話が合うのはね、武田先生とは、棲《す》んでいる水深が似ているような気がするんだよな。これは非常に高等な文学的表現ですけど、そうでないと言葉が通じないはずです。だってそっちは美味しいものばっかり食べて、こっちは焼き海苔あぶっているんだから。そんな差がありながら、こんなふうに交流出来るっていうのはね。

武田　それでやっぱり、窪島さんは物書いたりしていらっしゃるから、言葉もよく知っているしね。「赫奕」なんて言葉が急に出てきたりして。

窪島　「赫奕」出ましたね（笑）。三島由紀夫の『豊穣の海』の最後のほうに「日輪が赫奕としてのぼった」と。漢字で書けって言われたら書けないんだけどね。

武田　そういう言葉が出てくるから。

僕は大学の時、親しい仲間が七人いたの。七人グループで行動することが多くて、特に遊戯ジャーナルの友人が一番だったけど、彼は僕よりもうちにいる時間が長い。

窪島　だって、先生だって長いでしょ？

武田　僕は、大学行くっていっても、ほとんど行かないで友達と麻雀したりして、あと酒飲んで帰って来るのね。夜中一時とか二時とかに。

窪島　学生時代に？

武田　そう。父はまだ酒飲んでいるんです。すると「齋藤君来てるよ」って。彼は、僕の部屋で勝手にテレビつけて見ているわけ。テレビなんか無い時代でしょ？
窪島　無いよねえ。
武田　僕はテレビを自分で買って持っていたの。自分の部屋に。
窪島　へえ……。
武田　兄弟とか親とチャンネル争いするのが嫌でさ。
窪島　川魚、呆然……。えぇぇッ、信じられない。僕はラジオが入った時は覚えていますね、木製のラジオで。近所の人がみんな来て、正座して大相撲の中継を聞いていたのを覚えてますね。千秋楽で、平幕の時津山という力士が優勝した日でした。あのラジオはうちで買ったんじゃないのかな。
武田　ああ時津山ね。僕もあの頃、毎日のように相撲を聞いていたな。時津山はこの時、平幕で十五連勝して優勝したの。今だと平幕が十二、三勝したら横綱や大関と当てられるけど当時はそれがなかった。僕はその方が良かったと思っているけど。
でもこのテレビは、普通に電器屋へ行って買ったんじゃないんです。新宿の花園に飲みに行く店があってそこにテレビがあったんですけど、お客さんがテレビばっかり見るから、もういらないから買ってくれる？　って言われて「いくら？」って聞いたら「二万円」って言うから「じゃ買うよ」って。小さいテレビだからタクシーに乗せて帰ったんです。皇太子様ご成婚でまずテレビが普及しはじめて、次に東京オリンピックでまた増えた。ちょうどその中間くらいの時でしたね、東京オリンピックの年に大学を卒業したから。皇太子様のご成婚の時、家ではテレビを買ったけど勝手に見られないし。二万円は僕達の年頃では安い買い物ではなかったけど、普通に電器屋で買えば十万円はするものだったから。

でも本当にいろんなご縁がある。渋谷の「東亜」の話なんて初めて聞いたし。全然知らなかったし。

窪島　まあ、あそこら辺はね、青春の息吹というか、時代の息吹がありましたね。

話を冒頭に戻すと、やはり戦後、僕らはやみくもに歩んできましたけど、僕なんかは、かこつけた言い方に変えれば、時代に躍らされて舞わされていたというか、時代によって「舞」を強要されていたというか、とにかく高度経済成長ですよね。僕の場合は飲み屋をやって、毎日毎日金稼ぎをやっていたわけですけど、どこか時代に飲まれてしまった自分っていうのがいるんですよ。幸いなるかな、それが僕にとっては、平たく言えば一発当てて経済的な足場をつくったわけですけど、先生の場合は、確固たる能という世界っていうのがあって、その道をまっすぐ歩まれてきた。そこから見る日本の文化の、戦後に向かっての変わりようっていうのはどうだったんですか？　どんどん新しいものが入ってくるなかで能をやってきたわけですよね。

武田　あんまり能楽ってものは、そういうのと一緒にならない気がしますね。能楽の世界は能楽の世界だけであって、世の中が進んでいく、たとえば車社会になるとか、カラーテレビ、昔3Cとか言っていましたね、そういうものは、別にね。

僕が宗家に独立を許されて、昭和四十五年に戻ってきた時、すでに僕にはお弟子さんが三十人くらいいました。父には五十人くらい。地方にも稽古に行ったし、いくらでも仕事が出来て、逆に四、五年もたったら、もう全然時間がとれないくらい。今言ったら罰があたりそうだけど「もうお弟子さんいらない」って感じでした。たとえば長野の稽古場で、どんどんお弟子さんが増えるから「もう、止めて。これ以上増やさないで、出来ないから」って言ったくらい。それは十四、五年前までそんな感じでしたね。

明治維新で能楽どころじゃなくなった時代があって、でもそこに何人かの名人と呼ばれる方がいらして続けて下さった。次に第二次世界大戦、でもやはりそれなりの応援して下さる方がいらして持ち上げて下さったおかげで復活しました。うちでも父が昭和二十二年頃から東京の稽古を復活しはじめて、阿佐ヶ谷へ移って三、四年で東中野に土地を買って住まいと稽古場を建てた。もちろん借金はしてもそれが出来るくらい恵まれていたんですね。

阿佐ヶ谷では天祖神社の広間を借りて、月に四、五回稽古をしていましたけど、朝十時から夜九時くらいまでずっと稽古。それだけお弟子さんがいたっていうことですね。長野と名古屋は、父が帰ってきたらすぐ稽古に来て下さいっていうことで再開しました。都内でも原町田や目黒、白金とか鶯谷など三、四ヶ所は出稽古に行っていました。その頃、お酒は統制品でなかなか買えなかったんですが、白金の「白金会」は通産省のお役人の会で、そこへ行くと美味しいお酒が飲めるから、いつもベロベロになって帰って来ました（笑）。カバンを電車の網棚に忘れたり、は年がら年中で。

東中野へ来て、昭和二十八年に武田同門会を始めて、そのためもあって装束をどんどん増やしていった。二十九年に楽屋も拡げて、お蔵も作って装束を納めた。それまでは住まいの屋根裏の、でも立って歩けるくらいの空間に装束などを納めていたんですが、これではだめだと、蔵を作った。楽屋にも二階が出来て、僕は勝手にそこへ引っ越したの。それまでは一つの子供部屋に姉三人と一緒にいたから、もううるさくて（笑）。黙って引っ越しちゃった。そこへ、大学になってテレビを置いたというわけです。

うちには玄人の弟子が結構いるんです。今はかなり減りましたけど。で、玄人の弟子がまた弟子、つまり孫弟子がいて。地方にいる玄人の弟子は祖父の教えを受けた古くからのプロで、大勢のお弟子を持っていたので寄付なんかはすぐに集まりましたね。大きなピラミッド社会だったんですよ。今はもう、そのピラミッドがかなりしぼんだ。それは時代の変遷もあるけど、僕が父に反対したこともあった。というのは僕が独立して宗家から帰ってきて、地方へ行くと玄人と言えないような弟子がいっぱいいたわけです。どこでも「あの人、どこの弟子？」「おたくのだよ」って言われることもあって。僕は父に「あんな玄人を許すな」って言った。その時は父とかなりやり合ったんですが、素人から玄人になる、その頃は「準師範」になるのに何の審査もないんですよ。父が誰それを師範にしますと言ってお金を払えば、玄人になれてしまった。流儀の一番下の玄人ですがね。父はその人がどのくらいの実力かを知らないんです。その人を教えている玄人の弟子が父にお願いすれば、父は審査も何もしないで家元に申請してしまう。顔くらいは知っている程度で。

僕は、父が見ないならこれからは僕が全部試験をします、僕の知らない人は玄人と認めないから、そう宣言してくれと言った。それで父は玄人の弟子全員に手紙を出して、今後、師範を申請する場合は志房が審査するから前もって言うように、と伝えたんです。だから玄人になりにくくなったことも確かなんです。それと景気の衰退と両方で弟子が減って、玄人の弟子は今二十人くらいかな。一番多い時で七十人近くいましたから。

窪島　ふうむ……僕にとっては遠い世界だな。

父のこと・母のこと

窪島　先生がご自分の青春を語って下さったので、今度は僕の番ですが、一番の事件だったのは、やっぱり自分が水上勉の子供だってわかったことかな。わかった段階では、極めてプライベートな事件だったんです。個人的なことでした。それがなぜ、二ヶ月後に多くの人に知れ渡ったかと言ったら、これは朝日新聞がトップですっぱ抜いたからです。その、すっぱ抜いた源は、靉光《あいみつ》（註・本名石村日郎）っていう絵描きさんの娘婿さんが、当時の朝日新聞社会部のデスクだったこと。それで、父のことがわかった時にね、僕はそれまでおつきあいのあった靉光の奥さんの石村キヱさんに電話をして、こういうことがわかりましたって報告したの、前から身の上を話していましたからね。ところが、それが夕飯の食卓で、珍しく早く帰ってきた娘婿の岩垂弘さんっていう朝日新聞のデスクに伝わっちゃったわけです。それで翌日彼が僕のところに取材に来て、スクープ記事になっちゃった。六月十八日に出会って、八月の四日前後に記事になったのを覚えていますね。

で、お父上である武田太加志先生の著書『二人静』なんかを読むと、先生にはすでに厳格な修業生活の定めの道が一本引かれていたことがわかります。僕がすごく気になったのは、人間というのは、生まれ育ちによって社会や世間の評価が大きく変るということでした。僕自身の経験からいっても、僕は靴の修理屋の子どもだったのが、突然直木賞作家の息子だってことになるわけですね。すると、当然、世間もそれなりに遇してくれるようになるわけですよ。今まで何だかぐちゃぐちゃな髪の毛の、何をやっているんだかわからない胡散くさい男だったのが、急に「あの先生のお子さんならば」とかいった扱いを受けるようになる。

武田　(笑)。

窪島　世の中、そうなるんですよ。しかし何年か経ちましたら、やっぱり僕にも自我が芽生えて来て。「これは自分ではない」と。自分には、自分で作った自分がいる。

僕の場合は三十四歳七ヶ月までは「窪島誠一郎」でしたから、そっちが本当の自分だという思いが強くなる。こういう気持ちは、僕のような立ち位置に置かれた人間じゃないと、わからないんじゃないかな。たとえば、それまでは「芸術新潮」にエッセイ載せてもらおうと思ったら大変でしたよ。編集部まで原稿届けるだけでも大変でした。ところが偉いお父さんと会ったあとは、すぐに編集部長さんが出てきたりするんですよ。文藝春秋なんか田中健五さんなんて、名前聞いただけでひっくり返るような偉い人が出てきたりするじゃないですか。それで、どこかに自分の整理がつかないでいた。ぶっちゃけた話、父親に嫉妬しはじめたんです。一時期父を恨みましたね、うん、恨みました。何と言ったらいいか……素直じゃないと言われるんですが、これはちょっと、この曲折は説明しようにも何とも言えないものなんです。たとえば、もの書く時も、今まで何も知らない時に書棚に並んでいた彼の本と、意味が違ってくるわけですよ。どこかで過剰な影響を受けているんじゃないか、自分のものの見方とか考え方は、彼からのものではないのかっていう、こういう錯綜というか何ていうか、非常にそういうことに……まあ、今は、この歳ですから。彼が死んで十三年にもなりますからね、もっと生きていてくれたらなあ、と今は思うんですけれども、一時期「この人の子でなければいい」とまで思いましたね。せっかく会った父親だったけど。「この人がいなければ自分は独立出来る」っていう思いが生じましたね。どちらかといえば僕は陰湿タイプですが、先生の場合はそういった……だってお父様の太加志さんだって、芸っていうものは先生よりさきに厳然と確立されていたわけじゃないですか。敵うわけありませんものね、最初は。それをどう意識されたんですか？

武田　いやあ、そういう感じってあまりなくて。我々っていうのは子どもの時から教えられた通りやる、ってところから始まっているわけですよ。ということは物真似。「あいうえお」って言ったら「あいうえお」って言ってそのままやってきている。そうやってきて、やっぱり自分でいろんなこと意識するのは、本当に二十歳近くなってからですね。

窪島　あ、でもやっぱり反抗期ありましたか？

武田　いや……というよりも、父の言うことだけでいいのかな、っていうことはありましたね。だからそれで修業に出してくれって話をして、父に。その頃ちょうど「昭和の世阿弥」と言われた観世寿夫っていう方がいらっしゃったんですよ。で、僕はその方がとても好きでした。だからよく拝見に行ったりしていました。で、修業に行くのは当然家元のところへ行くわけで、別にその時、寿夫さんを選んだってよかったんでしょうけれど、まあ父から育てられたこの家ということを考えると家元かなと。それで「家元のところに行く」って父に宣言したんですね。「能楽師になります」ってそう宣言したのが高校入ったくらいの頃で、高三になった頃に「卒業したら家元のところに行かせて」っていう話をした。その時父が言ったのが「いま家元へ行ってもダメだ」と。「大学どこでもいいから入れ」とね。大学に四年間籍を置いていればその間にこの道の稽古を、大人としての稽古ですね、しっかりやるからと言ってくれたんで、それで結局大学を受験した。卒業しなくてもいいから大学に行っているんだよという四年間で時間稼ぎをせい、という意味でしたね。

観世寿夫さんとお酒を頂いている時、そんな話をしたら「何で宗家に行くんだ？親父さんに稽古をしてもらっていればいいじゃないか」と言われて「私は、井の中の蛙になるのは嫌だ」って言ったら「ああ、わかったわかった。言っていることはわかった。行っておいで」と言われて。それで、結局観世宗家へ行って修業させてもらった。それは非常によかったと思いますね。あのまま父の元にいたら、たぶん天狗になっていただけで、実際にいろんなことがどこまで行ったかわからないし。その宣言をしていなければ、父も改めて稽古しようなんて思ってくれなかったんじゃないかと思う。僕が家元へ行くって言ったんで、それじゃ一人前の能楽師にしてから行かないと行った意味がない、という父の考えだったと思いますね。父はやっぱりね、あの年代の同じ仲間の中ではちょっと目立つ存在ではあったと思う。

父は堅実っていえばいいのかな、間違いをしない、きちんとした能楽師だった。観世元昭さんは父のことを「太加志さんは名人じゃない、達人だよ」とおっしゃった。そして大勢の人に慕われていましたね。弟子だけじゃなくて、例えば野村萬さん、万作さん、三宅右近さん、野村四郎さん、観世恭秀さん、浅見真州さん……相当いました。他流でも、宝生流の近藤乾三さん、高橋進さん、父よりかなり歳上の人たちもいたし、同年代の大坪十喜雄さん、友枝喜久夫さん、本田秀男さんとかね。父がそうだったから、僕もそうなっている感じです。父の顔見知りが多いから僕も顔見知りが多くなっているんです。囃子方にしても僕が親しい亀井忠雄さんとか、北村治さん、安福建雄さんはそれぞれの親が父とつきあっていた人たちですから。

それにしても、父はちょっとずるいところがあったりね。ごまかしするところがあったけれど、僕は正直なままだから。父はかっこつけることも出来たしね。僕は出来ない。

窪島　なるほど、わかるなあ、それ。僕が、水上勉のことを他人から言われた時の反応と同じですね。その通りですね。これは時代と言うより血の問題。血っていうものは抗うことによって存立するんです。先生がもし「太加志＝神様」あの人がすべてだったら、現在の武田志房はいないと思いますよ、ここに。やはりそれはね、口には出さねど、それこそパチンコやりながら育てた自分のオリジナリティとアイデンティティがあるんですよ。これは表現者として他者が立ち入ることの出来ないものですよ。苦しみであり喜び。それは僕、わかる。

武田　父とよく夜中まで飲んだけど、やっぱり自然に芸の話になりますね。その頃、内弟子だった松木千俊君は、毎晩のように僕が人を連れて来て父を交えて飲みながら二時、三時までしゃべっていると、正座してお酒のおかわりを作ったりしながら聞いていて、書生部屋へ下りてその晩のうちに全部書き取っていたんです。そのすごい帳面を持っているらしいんですね。そういうことが本当は修業中の一番大事なことなんですよね。息子たちでもそうですが、改めて話さなくとも、一緒に飲んでしゃべって「あの曲のあれはこうだ」とか「この間見た舞台がどうだ」とか、そういう話は自然に出てくるわけですから、そばにいるってことは大事です。

窪島　僕は、ちょっと厳密に生い立ちを話しますとね、母は加瀬益子という女性で、お茶の水の山の上ホテルの筋向かいに主婦の友会館っていうのがあるんですが、あのあたりか、あそこ自体だったのかもしれないけど、一九三八年、昭和十三年頃「東亜研究所」っていうのがあったんですね。これは近衛文麿さんがつくったいわゆるアジアの調査機関です。一億総動員のための企画院の外郭団体でした。そこに母親の加瀬益子は勤めていまして。今、東中野の日本閣がある近くのボロ・アパートからそこに通い、そこに勤めながら、帰ってくるとミシンを踏んで内職のアルバイトをしていたんです。

その二階に住んでいたのが、どうにもならない、飲んだくれてた水上勉で、毎晩ぐでんぐでんになって帰ってくる。益子は昔の刑事もので聞き込みにくるようなアパートで、階段を上がったところの「仕立直しします」っていう札がぶら下がった部屋で、夏の暑い時なんかその当時はシュミーズ一枚で、暮しのために一生懸命働いていた。そこへ獰猛な一匹の好色男が階段を上りながら盗み見する。白いふくらはぎが目を射るんですね。そこで僕が生まれるわけ。生まれた後、彼女は「東亜研究所」を辞めるんです。

そして、それからの生活は悲惨でした。戦争も激しくなってきましたしね。この子どうしよう、夫は帰ってこない、帰ってきても夫は結核を患っているから、いつ子供にうつるかわからない。……ミシン踏みながら加瀬益子は思い悩み、真向かいに住んでいた山下義正さんと静香さんっていう学生夫婦に「どこか赤ちゃんをもらってくれるところはないか」って相談したら、この山下さんは明治大学の和泉校舎に通う法学部の学生さんだったんですけど、校門の前で靴の修理をしている窪島さんという、とっても人のいいおじさん夫婦から、どこかに子供はいないかねって言われたことがあると思い出し、それで僕を持って行ってくれたんですよ。でも、その山下義正さんは学徒動員で、半年後にはフィリピンで死ぬんです。彼は、窪島さんに預けた凌（註・出生時の名）ちゃんが幸せになってほしいと奥さんの静香さんに言って、出征したそうです。預けられた窪島夫婦はとても優しい人たちで、まあ、僕は最初の本『父への手紙』にも書いたように、その両親に反抗してイジメぬいて生きるんですけれどもね……。

で、その後水上勉と別れた益子は「東亜研究所」を辞めて戦後は全く関係のない、当たり前の営団地下鉄のエンジニアさんと結婚して、娘と息子を授かって生きていく。

その益子が、ある日広げた新聞に「水上勉と再会を果たす」という僕の記事を見て、それで新聞記事が出てから一ヶ月か二十日後位に名乗り出てきましてね。でも、僕はどうも好きになれなかったんですね。とにかく「おまえを、凌ちゃん（誠一郎）を捨てたのは水上のせいだ」と。男のせいだ、私だけのせいじゃないんだと泣きじゃくって。それを僕は見るのが嫌でね。ああ、この人とはもう二度と会うまいと思ってそれきりほとんど連絡もしませんでした。一方、父親は軽井沢の大豪邸で、いつも編集者が何人も原稿を待っていて、広い床暖房の応接間で若い女性にかこまれ、めちゃくちゃイケメンでスター作家なわけですね。父と母では、雲泥の差なんです。こっちは泣きじゃくっているんですよね。僕は嫌で嫌でたまんなくって、生前二回しか会わなかったんですね。

今から思うと……彼女は十数年前八十一歳で自殺するんですけど、無言館がちょうど今年で二十周年ですから亡くなる四、五年前にね。無言館が出来ました時、三十万円送ってきたんですよ、現金封筒に入れて。それで、僕は、あんなに会うのが嫌いだって言っておきながら、三十万送られたのでお礼の電話くらいはした方がいいだろうって、電話したんですね。田無ってところに住んでいましてね。そうしたら、その益子が、電話口で言葉にならないほど号泣したんですよ。凌ちゃんが無言館作ったというニュースを「テレビで見た」って言って、ワンワン泣くんです。ずっと会いたいって言っていたのに会わなかった息子から電話があったからでしょうか……まあ、いろんなことがあったんでしょう。

それで、これはごく最近の話なんですけど、ついこの間、早乙女勝元先生から手紙がきたんです。早乙女勝元さんといえば『東京大空襲』っていう不朽の名著をお書きになった人。今、江東区北砂で「東京大空襲・戦災資料センター」をやっていらっしゃる方なんですが、名前も聞いているし、ご本も読んでいる方なんです。八十八歳っておっしゃったかな。その早乙女先生から長文の手紙が来たんです。手紙にこう書いてあったんですね。

「私はあなたのお母さんの加瀬益子さんを知っています。彼女は昭和十三年から数年間、この空襲センターの前身にあたる東亜研究所にお勤めになり、あの頃アジ演説の草稿を書かせたら右に出るものはないほどの名文家でした」と。それで「白い手袋をして車の上に乗って演説をしている姿を、昔の仲間が見ています。あなたがモノを書いたり美術館作ったりするのは父親の血だと思っているでしょう、それもあるかもしれません。否定はしません。しかし、母加瀬益子さんの血も流れていることを忘れてはならないと思います」って書いてあって。

それで初めて号泣の意味がわかったんです。彼女はやっぱり企画院の職員ですから、一億総動員の、簡単にいえばいけいけどんどんの中国大陸占領の草稿を書いていたんじゃないかな。もちろん、研究所には少なからずリベラルな人も加わっていたそうですから、そんな風に決めつけるわけにはいけませんけどね。いづれにしても、ぷっつり戦後は普通の主婦になり……もう思い出したくなかったんだと思う。どこか戦前を引きずった窪島誠一郎の登場も彼女にとっては、すごくいろんなことを思い起こさせる辛いことだと思う。それが無言館という、こともあろうに戦争で亡くなった画学生の美術館を作ったっていうことで。はじめて僕ね、電話口で泣き崩れていた加瀬益子の泣き声の意味がわかったんですよ。わかったんだけど、もう遅いんです、すべてが。で、この間早乙女先生の「空襲センター」に行ってきました。娘連れてね。「東亜研究所」はその後、「政治経済研究所」っていう名前に変わり、次に大空襲センターになったらしいんですね。まあ、そういういきさつがあって、母親の話が出たからそういう話になっちゃいましたけどね。不思議ですよね、何もかも不思議です。

武田　僕の生みの母と父親が離婚したのは、東京へ引っ越した時だから、昭和二十二年。生みの母の記憶はそんなに強くないんです。牛込にいた時の、あの防空壕で「みかん食べる？」と言われた記憶とか、迷子になって酒屋の自転車のかごに入れられて帰った時、迎えてくれて「あ、お母様に迎えられた」と思った記憶であるとか。草加とか若狭での母親の記憶は全然ありません。大貫にいた頃は三歳になっていたから記憶はいっぱいありますね。僕が出掛ける時、必ず鼻緒が切れた時の用心に替えの下駄を持って行くのを「面白い子ね」って言ったり、小魚や田螺を持って帰ると必ず何か作ってくれたり。何でも言うことを聞いてくれる人だったのは間違いないです。一度、観世左近先生が大貫にいらしたことがあって、僕より十二歳上だからまだ十五、六歳でいらしたと思うんですが、僕から見たらおじさんに見えて「どこのおじさん？」って言ったら「おじさんじゃありませんよ。お家元先生です」「それ、なあに？」「お父様よりもっと偉い方」「ふーん」と言ったような記憶がある。だから家の子供にも「お家元先生」と言わせたし、孫の章志にも「お家元先生」と言わせていますが、その語源は母なんですね。姉たちは離婚後の母の居場所を知って会いに行っていたんですが、僕はずっと知らなくて「一緒に行く？」って誘われて行った時には下高井戸に住んでいたんです。僕が高校の時ですね。

妻に言わせると、僕は顔も性格も、頭の回転もべらんめえ調も、生みの母にそっくりらしいです。でも僕は、姉たちと違って生みの母をあまり好きではなかった気がします。育ての母は僕をとても大事にしてくれたし、僕はこの母の方を母親と思ってますね。何でも話せたし、すごく信頼してくれていたし。親戚で少し面倒があった時、母がその様子を見てくるように父に頼まれたことがあった。僕がその時、一緒に行くと言ったら「いいわよ」と言って、小学校二年か三年の僕にその頼まれ事の内容を全部話してくれたんです。そんな風で何の違和感もなかったし。阿佐ヶ谷にいた頃、疎開中に着ていた姉のお下がりのモンペをはいて学校へ行ったら「僕は他の子と違う格好をしている」って感じたんです。それで「学校へ行くのは嫌だ」と。「何で？」と聞かれて訳を話したら「あ、じゃあ今ズボンを買ってくるから」ってすぐ買ってきてくれて、「これはいて学校行きなさい」。そんな風に何でもしてくれて、僕が何か言ってダメってことはなかったですね。

戸籍主義

窪島　実は今日は、僕にとっては特殊な日でして。もちろん、ここで先生とお会いするのが楽しみでしたし、対談させていただきに来たんですけど、実はもう一つ、行かなきゃいけない所があったんです。三年前に七十七歳で亡くなった一人の絵描きさんがいるんですね。ブラジルに、たしかマナブさんっていう有名な絵描きさんがいて、その一番弟子が谷口金治さんだったんですけど、いかにもブラジル風俗の匂いがするいい絵を描いていた画家でした。その谷口さんの遺作展が八王子であって今日が最終日なんです。谷口金治さんとどこでどう出会ったかというと、先ほど話していた昭和三十八年十一月に開業したスナック、これ、最初は何もかも自分で作ったものですから、カウンターも傾《かし》いでいて、グラスを握りしめてないと転がっていっちゃうみたいなひどい店で、それが時代の波に乗ってバカ当たりして今に至るんですけど、その時、僕が四つん這いになってセメントをこねて床を張っていたら、真向かいに「和泉工芸」という、今でいうインテリアの会社、椅子の張り替えをしたりする会社があって、そこの社長さんだった谷口さんがしょっちゅうやってきて「おお、出来ましたな」とか「そこがカウンターですか」なんて言って楽しそうに見ていたんですが、ある日「椅子とかテーブルはどうなさるんですか？」って聞くんです。彼は室内家具の社長さんだから、何か売りつけられると思って「いや、何とかするつもりです」とか言を左右にしていたら、「うちに返品されてきた椅子とテーブルがあるから持ってきましょう。プレゼントしますよ」って、会社にあった古い椅子をきれいに張り替えて、持ってきて下さったんですよ。その時に、谷口金治さんが、自分は絵を描くのが得意だからって、メニューや看板なんかも描いてくれたんです。それから、「窪島さんはこの道で大成しそうですね」なんて言われたんですが、僕は「いや、これは世を忍ぶ仮の姿で将来は美術館を作りたいんです」と答えたらしいんです。この話を谷口さんは、後に僕の美術館のニュースに寄稿してくれているんですが、彼は僕をずいぶん変わった男だと思ったらしいんです。明日スナックを開店するっていう時に、そんなこと言うんですからね。そして彼は後年ブラジルへ渡って絵を描きはじめ、その後四十年ほどが経った。そして、これはブラジルでの話なのですが、ある日谷口さんが向こうの日系新聞を広げたら、「長野県上田市に信濃デッサン館開館　地方個人美術館の夜明け」っていう記事があるじゃありませんか。僕も覚えているんです、そのニュース。それがブラジルでも報道された。彼はその新聞を何気なくひろげて、眼が釘づけになった。奥さんの政江さんを呼んで「この窪島っていう人は、あの飲み屋の人？　本当に作ったんだ美術館を」って言って、祝電をくれたんです、遠いブラジルからね。その彼が亡くなって、「父が生前、館長に一度見てもらいたいと言っていました」っていう手紙をお嬢さんたちからもらって、この対談の前に、ちょっと観てこようかなと思っていたんです。九時か十時の新幹線に乗って八王子に行けばこの対談にも間に合う。ところが、対談が終わったら久し振りに家へ帰ろうと思って、女房に電話したら、女房が「その前半の八王子の谷口金治さんの展覧会へゆくの止めときなさい」って言うんです。古いこと覚えていてね、「あの人焼きそば頼んで二百円払わなかった」とか何とか。テーブルや椅子をプレゼントしてくれた恩人なのに。

武田　(笑)。

窪島　男のロマンティスムが全くわからないんですよ。「武田先生との対談はご本になるし、大事な仕事でしょ?」「谷口さんの場合は、当人死んじゃったんだし、もう帰ってこない。それなら行ったたって行かなくたって同じでしょ。あなた病み上りで体もくたびれているのに、行く必要ない。あの人焼きそば食べて二百円払ってないし」って。薄情っていうか、何ていうか、僕はさっきからご恩になった天国の谷口さんに手を合わせているんです。

武田　(笑)。面白いね。

窪島　その明瞭というか、切って捨てるような、ね。それで僕、情けないことに、急に勇気づけられて「じゃあ、十三時すぎに乗ればいいんだ」って、すごく楽になったんだよね。確かに、そういうムリをしても谷口さんは喜ばないかも知れない。大事なのは自分の身体なんだからと考えてね。一昨年クモ膜下出血で倒れているし。谷口さんもきっと、わははって笑ってね。そういうのもアリの人だったですから。

――もっとも、これは川魚の話。マグロはこんな話、しない（笑）。

武田　奥さんの話聞いていると、素敵な奥さんだと思うよ。会ってみたいなあと思うよね。「今日、八王子やめなさい」いいよねえ。

窪島　あ、わかる？

武田　すごいわかるよ。たぶん、窪島さんとしてはすごく楽だと思う。

窪島　常々思っていることですけど、真剣に結婚を考えている男はうまくゆかないんじゃないでしょうかね。ある意味、いい加減な男ほど長続きする気がする。「まあ、こんなもんだ」っていうとこで手を打てる人。打てない人もいるんですよ。妙な言い回しすれば、同じ人と籍を入れて添い遂げたからその人が立派だとは言えないし。僕の大親友なんか、二回別れていま三回目。そのたびに養育費で苦しんでるけど。立派だなと思いますね。いい加減な男ほど、相手に甘えてずっと一緒になっているんじゃないですか？　少なくとも、僕なんかは――。

武田　僕もそうだな。

窪島　偉そうに（笑）。しかし、僕はこんな好色男なのに、どうして奥さんが一人なんでしょうかねぇ。

武田　（笑）。

窪島　わが父水上勉は、一生涯いろんな女の人と暮らしたり、住む処も転々としていますが、ああいうのは僕はダメなの。一所不在型は、どうも苦手。じゃ、身持ちが固いかっていうと、決して固くはないんですよ。何なんでしょうね。言ってみれば戸籍主義みたいなモンかなあ。

前山寺薪能

窪島　僕、今日、志房さんのところへお訪ねする前に、ちょっと記憶を辿っていたんですけど、先生に一番最初に薪能でお世話になったのは、たしか『羽衣』だったと思うんですけれども……舞っていただいた時のチラシが出てきましてね。それが一九九一年五月でしたね。

武田　「桜能」っていったんですもんね。

窪島　次が一年して秋になってコスモスの「秋桜能」になったんですよ。そんなことを思い起こしていたんですけど。僕の人生の中でやはり先生とお会いして、まああの頃も本当に美術館は貧乏で、今やもう、明日あさって立ちゆくか立ちゆかないかという美術館になりましたが、あの薪能はやってよかったなって思っています。

武田　はじめて薪能のお話があった時がね、善光寺の西門の横っちょで喜美さんっていう女性がやっている飲み屋があったんですよ。

窪島　ああ、思い出した。

武田　その、喜美さんのところの家主、土地建物を持っているのが僕のお弟子さんだった。それでその方が「先生、実は私が貸しているところでこういう家があるんですけれど、お供したい」って言って。この頃二日間お稽古をしていて泊まりがけだったんですね、それで初日の夜に連れていかれて、行ったら「先生に、お能をやってほしいっていう人がいるんですが一度、是非ご紹介したい」と言われたんです。それで僕は「いいですよ」と。だから喜美さんと先にしゃべっていたのは窪島さんですよね。喜美さんが窪島さんに僕の話をしたんじゃないですか？

窪島　西喜美子さん、いい女性ですよ。先生、何かあったでしょ（笑）。

武田　僕より年上なんじゃない？　窪島さんはなかったの？（笑）。

窪島　あのね、彼女いつも、何故か足袋のこはぜが一個はずれているんですよ。

武田　（笑）。

窪島　ここ大事なところ（笑）。何が大事なんだかわかんないけど（笑）。

武田　非常に大事にしてくれてね。舞台も見に来てくれたりしていたんだけど。それでその時僕は喜美さんに「何日の何時に会があるから、この時間帯なら会えますよ」って答えた。そうしたら「行くと言っているのでよろしく」と喜美さんから連絡があった。その日僕は長野でね、料理屋みたいなところでうちの玄人門下の新井和明君っていうのが、そこで素人会をやるのに地を謡いに行った、そこへ見えたんですね。

窪島　僕、訪ねて行ったんだ。「山田楼」っていう高級な料亭でした。

武田　紹介して下さるっていうからどんな人が来るのかと思っていたら、もうこのままでさ、とっくりのセーターか何か着てジーパンで、ちわーって現れて。「窪島です」って。

窪島　何か、でも運命的に意気投合しましたよね。

武田　あのねえ、本当に不思議。その不思議さっていうのは何かというとね、僕はちょっと見かけで判断するっていうか、僕からすれば絶対しゃべりたくないって感じなの。失礼な人、無礼な奴って。

窪島　すいませんねぇ（笑）。

武田　だって、人にものを頼んでくるのにさ、ジーパンでとっくりのセーターで入ってきて。で、まあ「こんにちは」って言って。でも会ってしゃべりはじめたら、どんな人かわかるじゃない？　もういろんなことが一致して、楽しくて面白くて。自分はこういうことをやっているというのを聞いて、どんな人にお能を見せたいかも聞いてじゃあやりましょう、だけどお金かかりますよ、という話もしました。こっちにもらうお金がいくらかかっていう話もしたんですよね、その場で。それでしゃべっていて、まあやり方によるけれども謝礼として、これ位用意してもらえれば、と。だけどその他に舞台の設営もしなくちゃならないって。

窪島　そうそう。

武田　客席とか、そういうことにいっぱいかかりますよ、って言いましたよね。そうしたら、「何とかなるでしょう」って。結局その日に約束して、その場で日にちまで決めたんですよ――あれが秋だったのにもう次の春に公演なんですよね。僕はすごく心配だったの。宣伝も出来ないだろうし、舞台が本当に間に合うのか。でも、しゃべっていて信頼出来たから。この人は大丈夫だなと思ったから。で、一度行ったんですよ、前山寺に。窪島さんも向こうのスタッフを呼んでいて、舞台をここに、こういう向きで、とか話をして、あとはもう任せただけ。そうしたらちゃんと出来たしね。

窪島　そうでしたね。

武田　一九九〇年の十一月に会って、それで来年やろうって。だけど、窪島さん曰く、塩田平あたりの農家の人たちに、お能に触れさせたいというのが目的で、お金はいいんだっていう。あの頃デッサン館儲かっていたんでしょ？　きっと。

窪島　お金はいいんだ、……とは言わないと思うよ、そんな不用意なことを（笑）。

武田　言ったと思うなあ（笑）。

窪島　しかし、あの実現の仕方っていうのは――。

武田　本当は、もうちょっと腰を据えてやった方がよかったかもしれないな。やっぱり舞台造ってもらうのも、あの小屋があって邪魔っ気だったしね。

窪島　よくご記憶ですねえ。そうそう、あの小屋がね。ちょっと帯に短し襷に長しというかね。うまく出来ないところがあったんですけどね。それで、先生がおっしゃるように、青山播磨が出てきそうなみやげ物屋があって（笑）、農産物売る小屋があったの。それさえ無かったらあと三百人は詰め込めるのに、ところがそれが立ちはだかっているから。

武田　でもあとで、三回目か四回目の時、小屋をこわしてくれたでしょ。

窪島　こわしたこわした。

武田　最初からやってくれればよかった（笑）。

窪島　でもねえ、あのあたりの農家の人たちはね……こういう言い方してあれですけど、「文化果つる場所」といったら言いすぎかな、なかなかお能に五千円、六千円って払ってくれないんですよ。田舎の人たちだからねぇ、三千円超えたら大変な買い物になっちゃう。

武田　どこか、スポンサーをつけるって出来なかったのかしら。

窪島　僕ね、ここが大物になれない理由なんですけど、スポンサーとかクライアントがつくのが嫌いなの。お金も無いくせして何もかも自分でやろうとする。

武田　別所温泉か何かの温泉組合と一緒になってやったら、お能を観る人が泊まるといくらで、どれだけとるみたいなことやれば、かなりさ。

窪島　ただ、能・狂言に関心こそあれ無知な男が、やっぱり何かそういうものを求めていたんでしょうね。先生に会いに行くこともそうだし、「やって下さい」ってお頼みして、半年後の春には実現したんですからね。僕、そういうところがあるんですよ。今は無言館という美術館が何とか認められているけど、あれだって、じゃあそんなに時間をかけて出来たかっていうと、そうですね、野見山暁治さんっていう戦争から帰りになった先生と出会って、二年半後には美術館つくっちゃったわけですからね。まあ、人生そのものが「出会い頭」というか、そういうところがあるんですね。

それと、僕が前山寺で薪能をやりたいと思ったのは、大げさに言えば、美術的発想というか、絵画的感覚がその根元にありましたね。あの、東信濃の自然にかこまれた六百余年の歴史をもつ古刹で、観世流の舞や鼓の音がひびいたら、どんな絵画的な世界が展開されるだろう、という期待がありましたね。能や能面をモチイフにした絵描きさんは、このあいだ百歳で他界された大森運夫《かず》さんとか森田茂さんとか、古くは坂本繁二郎など大勢いるけど、一つの現実の風景として、あのお寺の境内で薪能の美しさをたくさんの人に観てもらいたいという思いがありましたね。

武田　森田画伯は飛騨の高山がお好きで、高山に泊まって絵を描いて贔屓のお寿司屋さんもあってね。そこは僕もよく行くお店なんだけど、森田さんが「これとこれを巻いて」と頼んで巻かせた寿司を『森田巻』と名付けていた。「梅猶会」という梅若さんの会を後援なさっていて、僕も梅若盛義さん（後の梅若吉之丞）が高山で薪能を催した時に頼まれて『石橋』を舞ったことがあります。

薪能の頃、窪島さんはよくアメリカに行っていたでしょう？　だから年中いないはずなのに僕が電話すると必ずいるの。窪島さんが電話してくると、僕もその頃めちゃくちゃ忙しい頃だったのに、いつもいたの。留守だからよろしく、っていう話をした記憶がないくらい。そのくらい縁があるんですよ。不思議なものでね。うちの松木君が素人会を坂城で開いたことがあって、上山田に泊まってくださいと言われて、その時も窪島さんに「この日、上山田のここに泊まる」って電話したら「行く行く」って来てくれて、それで一緒に飲んでね。デッサン館のあとつくったのが槐多庵？

窪島　そうですそうです。その次に無言館なんです。

武田　無言館が出来た時、銅板を寄付するということがあって、僕の名前もあそこにあるんですよね。一番上の方に。

窪島　あると思いますよ、もちろん。それと僕は不勉強なまま、図々しく言うんですけど、先生の姿見ていると、先生の能にも明らかにルーティンっていうのがありますよね。その瞬間の、出番に向かって自分がどう近づいてゆくかっていう——案外雑談されたりしている時もあるんだけど、すでにそこからルーティンが始まっていって。僕なんか、何だか先生の舞はそこから始まっているんじゃないかな、なんて感じます。

武田　鏡の間ではね、曲によっては、例えば『翁』なら、こういうタイミングでこれをして盃をする、とか『道成寺』ならいつ立ち上がって幕にかかる、とか決まっているものもあります。けれど、ほかの曲なら特に僕が決めてすることはないですね。自分で、間に合うタイミングで後見に「面《おもて》」と言って、自分で立って幕にかかる。特にピリピリすることもないです。まあ、薪能の時とね、能楽堂で大曲をする時では、気持ちは違いますけれど。

窪島　僕、ちょっと形は違うんだけれども、よく野見山先生とも話すんだけど、僕の仕事自体はインスタントラーメンみたいなんですね、お湯を入れてつくっちゃったような美術館なんですけど、お湯を沸かす時間は長かった。やかんにシュンシュンお湯が沸き立って蓋がパクパクなるくらいにお湯が沸いていた。僕ね、物事でたとえば人を愛するんだって、年月かけて「彼とは十年です」とかいうのも結構だけど、案外「瞬発的に」っていうお湯を沸かしている時間が、僕は大切なんじゃないかなと常々思っているんですよ。お湯さえ沸いていれば美術館だって出来ちゃうよっていう感じがありますね。確かに僕はとにかく前山寺でお能を、しかもご近所の何も知らない人たちを呼びたい、っていうのがものすごくあった。

確かに美術館を二つも経営していますが、常々壁に掛けてある絵の前に人が立って、ただそれを観て、頭の中でいわゆる「感動」をうけとめるという形にはあまり興味がないんです。絵であれ彫刻であれ、その人の人生をふくめてそこに存在して、尚かつその鑑賞者と作品とが向きあう姿そのものが美しく、深いものでなければならない。つまり、ゴッホの『ひまわり』を観ても、セザンヌの『水浴図』を観ても、それが鑑賞者の人生と混じりあって、初めて美術になるのだという感覚がある。……

ちょっと小ムツカシクなりましたけど、僕は先生の薪能を通じて、そんな風景をつくり出したかったんですね。

武田　そうですよね。お話はそうでした。

窪島　あれから、うちの薪能を見習ったのか、上田市が翌年から上田城で始めたんですよ。一千万ポンって予算が出て、それだもんだから木戸賃が二千五百円くらいで。そうしたら、個人でやっているこっちにはお客が来なくなっちゃうわけ。お城の方は二千五百円なのに、こっちはなんでそんなに高いんだ、って言われちゃって。でも、町のほうも盛り上がっていたから、それでいいんですけど。

とにかく、一九九一年に初めて薪能をやった時、僕たちはどうしても美術が専門というか、美術館が催す薪能という意識がありましたから……ご記憶ですか？　舞台や何か、全部自分たちで造ったんですよ。

武田　ええ、知っていますよ。僕はあそこで、本当に美術館のスタッフの人たちが一生懸命造った舞台っていうのはね——よくこんな風に造れたねって。

窪島　いやあ、先生も高く評価して下さいましたよね。

武田　邪魔っ気な松とかあったしね。

窪島　そうでした、そうでした。橋掛りのところにお寺の庭の松一本デンと植っていて、往生したのを思い出しました。何しろ、アマチュアが造るんですからね。でも、お寺の三重塔は良かったでしょ？

武田　三重塔は良かったね。だけど昇っちゃいけないっていうのにお客さんがそこで見ているんですよ、崖の上で。怪我しても知らないぞ、って。

窪島　いや、良き時代の、良き思い出ですね。それで、本当に国立能楽堂で舞っていらっしゃる先生方が舞って下さるわけですから……文字通り「野の薪能」なわけですよね。笹っぱ持ってきて、橋掛りなんか何度も磨きました。牛乳で、こうやってね、それを三日間やったら、それを先生がね、非常に興味深そうにね、嬉しそうに——。

「無」の境内に一本一本、杭を打ち、舞台を造り、橋掛りが出来ていくのをね、特別なヒントは与えて下さらないんだけど、うちの池田という若者が先生のところに何度も通って、教えてもらって。あの舞台、まだありますよ。捨てるに捨てられない。

武田　ええ？　使わないと勿体ないからやりましょうよ。あの時は、ちゃんとお寺の本堂まで橋掛りをつなげてね。

窪島　それはだいたい先生が指導してくれた。でも、我々がついてゆけないんですよ、能力が無くて。恥ずかしい話だけど、大鼓を暖めるとか、そんな知識さえないから大変でした。極めてリアリズムな話で恐縮ですけど、これじゃ四百万は軽くかかるなと。もちろん先生方のギャラが大半でしたが（笑）。

武田　僕をはずして頼めばいいのにね。

窪島　しょうがないよ。先生がいなきゃ成り立たないんだ。能が成り立たないんだから。

武田　いっぱいいっぱいなのはわかる。だからいろいろ考えて、大勢車で一台に四、五人、それで交通費をね、それでないとグリーン車にしなきゃならないでしょ。

窪島　先生が合わせてくれたんですね。そしたら当日、人間国宝のエライ人が遅れて来た。

武田　宝生閑さん。

窪島　めちゃくちゃ偉い先生なんだけど、遅れて来た。

武田　それは、長野道が事故で通行止めになっちゃったの。あの時は、本当に困ったんだよ。何故困ったかっていうと、ワキが誰もいないんですよ。つかまらないわけ。全員ダメだったの。そしたら息子の欣哉君がね「先生、親父があいていますよ」って。給料が別格なわけだよ。人間国宝、芸術院会員は。二番もお願いしたからしょうがない。そうしたら閑さんが「志ちゃん、いいよ、心配しないで。若い者と同じでいいから」って言ってくれたけど、そりゃそうはいかない。

窪島 そうはいかないよね。とにかくね、海魚のおかげで、川魚は苦労したんですよ。

武田 まだ、携帯が流行ってない頃だから、連絡がとれないんですよね。誰かが息子の欣哉君に連絡がとれて、「今、高速道路が閉鎖になっているんで、高速を降りてそちらへ向かっています。開演時間にはちょっと間に合わないかもしれないけど、急いで向かっていますから」って。

窪島 でも、間に合いましたよね。

武田 着いたのが十分前。で『高砂』なんだよね。

窪島 そうだった、『高砂』だった。

武田 僕は「少し延ばしていて」って言ったの。そうしたら閑さんが来たから「十分あったら間に合うね？」「間に合う」って。

窪島　それでね、僕が挨拶したんですよ。

武田　いつも挨拶していたでしょ。出たがりなんだ（笑）。

窪島　失礼ですけど、僕は出たがりでは、ない（笑）。しぶしぶ出たと思うよ。それで、お能二番と狂言、豪華版だよ。何度も言うけど、あの辺の農家の人たちは能なんか見たことない。四千円か五千円でたまげて腰抜かすの。だから、苦労した。

武田　その時、次男の文志は『菊慈童』を、あの歳で宝生閑さんにワキをして頂けたという、今でも彼はその事を言いますよ。

前山寺のあそこで演ったお能っていうのは、非常に印象に残っていますね。

窪島　残っていますか……。

武田　何かで、もう一回出来れば。……今は上の者が「いい」って言えば、みんなに払うものが安く出来るようになっている。舞台が減っているし。ただ、あなたの独特な性格で、温泉旅館と組んでやるのが嫌だとかさ。

窪島　あなたの独特な、って、うるさいなあ（笑）。

武田　そういうのを捨ててさ、プライドを捨ててやればかなり可能性あると思う。やりましょう。

窪島　でもね、あれはね、やっぱり美術なんですよ。半面においてお能はね。

尊敬する多田富雄先生がはじめて薪能を見た時にね、あの人最初『羽衣』だったか『蟬丸』だったか、うたたねしちゃったらしいの。で、ふっと目が覚めた時に葉っぱがチラチラチラっとして、その時がクライマックスだったと。それで、つまり何かが演じられているんじゃなくて、突然この世に、突然出現した風景というか、まあ考えてみれば、橋掛りの向こうはあっちの世界ですからね。あっちからこっちへ来るわけですから。異界から現世へパッと現れた衣の美しさが素晴らしかったと。衣がひるがえってね、うす紅色のね。それはそれは絵画的な美しさだったって、多田先生がお書きになっているんです。僕もね、初体験だったんですよ。前山寺の薪能が。しかし、いや本当にね、何かが演じられるんじゃなくて、多田先生が言われるように、そこに突然出現するっていうかね。あれは、すごい経験でしたね。

僕は多田先生が脳梗塞で倒れる以前から、エッセイストとしてすごくファンだったんです。後年ね、新作能の台本もお書きになって、白洲正子さんととても仲良かったんですね。その白洲さんは僕とも近かったものですから。ただ僕は不勉強で白洲さんが偉い人の――梅若実さんのお弟子さんなんてことを知らなかった。「このおばさん、ものすごくお能に詳しいな」なんて思っててね。一回白洲さんはね、能楽堂だったと思うけど、僕を連れていって下さったんですよ。その時もね、足の踏み方が早いとか遅いとか言って。すごいなと思っていたら、よく考えたら彼女は梅若実さんのお弟子さんだったと後から聞いたんですよ。白洲さんは、いっぽうにおいてたいへん骨董にも仏像にも造詣があった人でしたから、やっぱり能には「美術」っていう側面がすごくあるんだと思いましたね。

武田　梅若実っていう「昭和の名人」と言われた方のご子息がうちの父と同い年。

窪島　あの、六郎さん？

武田　ええ、先代の六郎さんがうちの父と同じ明治四十年生まれ。僕、梅若実さんの子方をやっているんですよ。実さんのお孫さん、今の玄祥さんは僕より六つ下で。女のお子さんばっかりで坊ちゃんが出来たのが遅くて、あちらの子方がいらっしゃらなくて僕が頼まれて行って。
窪島　そうですか。うちの前山寺薪能でも、子方が出るのを何かやって下さいましたね。
武田　『船弁慶』かな。
窪島　ああ、そうそう。そういえば長野で協力してくれた人、いましたね。
武田　ああ、高池君ね。
窪島　協力してくれたよ。
武田　だけど、言っていたじゃない？　高池さん、うるさいって（笑）。
窪島　彼は、命がけだったよ。
武田　高池君は、新井和明君の弟子だから、僕の孫弟子なわけです。僕が行って能を舞うってことで、とても気を遣ってしまって、彼がいろいろ厳しいことを窪島さんへ申し入れたらしいですね。僕が言ったことじゃないことまで。
窪島　こうしろ、ああしろ、ってね。高池さんも一万五千円でうなっているほうだから大変だったのよ。
武田　雨が降ったら舞台の上にテントをかけるというような話をしたような気がしま

ごあいさつ

今年で「信濃デッサン館」は開館二十周年をむかえた。今回の「秋桜能」は、そんな記念すべき年の秋にひらかれる当館主催の三回目の野外能である。

能舞いの主役はもちろん舞台上の能楽師のかたがただけれど、それに加えて私たちの耳目をたのしませるのは真言宗独股山前山寺の美しい自然のたゝずまいだろう。ふりおちる落葉、あわい雲影、月あかりの塔。しんとした静寂には乾いた鼓の音がよく似合う。寺歴数百年の名刹が奏でるはるかな時の謡が、日本古来の伝統芸をさらにまばゆく映えさせて心がおどるのである。

それもこれも、信州の学海ともよばれるわが塩田の里の風土の奥ぶかさ、日々寺内の手入れを怠らぬ前山寺ご住職はじめ、関係者のかたがたの人知れぬご精進あってのことだろうと思う。開館以来二十年をへて、あらためてご恩ある前山寺に「秋桜能」を奉納できる歓びをかみしめているのである。

信濃デッサン館々主
窪島誠一郎

第三回秋桜能番組より

手造りの舞台（第六回秋桜能『山姥』シテ武田志房）
写真提供 信濃デッサン館

すね。作り物は長野から持って来させたこともありました。高池君のほかに、やはりうちの弟子で宮崎君という人が、長野能楽連盟の初代の会長を勤めていたから長野能連の協力もありましたね。曲は僕が決めました。わかりやすいポピュラーな曲を選んだと思う。ただ、『山姥』を番組に選んだ時はね、少し難しい曲とは思ったけど前山寺の背景がいかにも深山幽谷といった感じで素晴らしく曲にふさわしいし、長野の戸隠の伝説に由来するので決めたんです。

窪島　くり返しになるけど、ともかく前山寺ってお寺が素晴らしいんです。あそこに立った時にね、よく夕方になると散歩するんですけど、ある日急に、ここで薪能やったらいいだろうなと思って。それまで薪能など見たことはなかったけど、でも白洲正子さんと親しかったから、よく写真集くらいは見てた。実際やってみたら、お金はたいへんだったけど、得るものは素晴らしかったと思う。事実、それから六回まで続けたけれど、やる度に三百万、四百万出て行ったから、うちの美術館はもう、またかって感じでね。うちはいわゆる公的な、何にも優遇受けないで個人でやっている美術館ですから、自分がこれを立ち上げたい、と思ったら、経済を含めて自分の手ですべてやってゆかなければならない。大げさに言えば、この美を求めたいと思えば、その分、この世のしがらみは全部背負うんですよ。お金であれ、労働力であれ、それはしんどいですよ。年をとってくると、昔はエイやっちゃえって気持ちの方が大きかったけれど、やっぱりそれだけ赤字を背負えば、後がたいへんですから。最近ではついついそのことを考えちゃいますね。

武田　窪島さんと知り合った頃、あなた上田駅の近くなんかに住んでなかったよね。

窪島　そうだよ。

武田　デッサン館の中にいたんだし。

窪島　先生は、そもそも上田ってご存じなかったと思う。ま、大抵の東京人は長野へ行っちゃうし、善光寺の方へね。上田で降りることなかったでしょう。

武田　いや、一度だけ上田でお能やっているの。上田城の中の薪能。昭和五十何年頃だったかな。僕の師匠の弟の観世元昭さんの弟子が上田に稽古行っていたの。そんな関係で。

窪島　僕の知らないところで……（笑）。

酌めども尽きず　秋の盃

西新宿　たくあん牡丹亭にて

窪島 昔話っていうか、口を開けば昔の話だけど。あんまり未来のある二人じゃないから（笑）。大きなお世話だね（笑）。

武田 そういえば、なんでこの二人で対談ってことになったんだっけ？　昔からの知りあいだって。

窪島 僕が三月書房さんから『日暮れの記』っていう随筆集を出してもらうことになって、昨年の夏に明大前のキッド・アイラック・ホールで顔合わせをすることになったの。その喫茶室の書棚にお父上の『二人静』があったのを渡邊さんが見つけて、僕に尋ねてきたのね。「この本をどうしてお持ちですか？」って。それで「いや、志房さんとは昔から知ってる。仲良しだよ」って答えて。

実をいうと、その前の年の暮れに、ある記者会見の場で倒れましてね、クモ膜下出血だったんですよ。

武田 そうだったの？　でもそういう大勢いるところだと、医者的な知識のある人とか、どうすればいいとか、いろいろ言ってくれたりね。

窪島 あれは僥倖でした。たまたま助かった。助からなかったら、僕の築いた記憶の財産はどこへ行く、でしたね（笑）。

武田 （笑）。

窪島 でも、今の記者さんっていうのは、昔の事件記者みたいに人の顔見てメモしてなんて取材してないでしょ？　みんなパソコンですから、舞台上で異変が起こっていることに気づかない。

武田 ずっと下見ているんだ。

窪島 自分の挨拶終わって、座った瞬間にドカンと来ましたから。これ、運悪くテレビカメラも入っていたんですけど、若麻績《わかおみ》住職って善光寺のご住職が僕のあとに挨拶されて、僕が六人おいて一番端だったんです。だからみんなそっちに関心がいっているから、挨拶終わった僕が頭をかかえてしゃがみ込んだのが見えてない。で、渾身の力を込めて立ち上がってふらふらっと。こういう時には、ええかっこしいというか、それが身体を支えますね。それで何とか歩いて控え室まで行ったんです。そこでようやく一人の人が気づいてくれて、救急車呼んでもらって。その方が喜多英之さんって長野の教育会館の事務局長さんだったんですけどね、即座に、救急車を呼んで下さった。今から思うと、あれが「救急車呼びますか?」とか「呼びましょうか?」だったら「ちょっと様子見てから」ってなったと思う。大ごとになるのが嫌だったし、ちょっと小康状態が来たら会場に戻ろうという気持ちすらありましたからね。ところが喜多さんっていう人は断定的だったんですよ。僕が「水ください」って言ったら、すぐに水を持ってきて「救急車呼びます。私は喜多英之と申します。私同行します」ってはっきり。あれが、優柔不断男にとってはね、断定的だっていうことが「今夜は身を任せよう」っていう気にさせるんです。女の人でもあるでしょう? 彼が「どう、中華にする? 寿司にする?」とかグズグズ言っていたら「うるさい」って言いたくなる(笑)。そんなこと言わないで一コト「美味いところあるからついて来い」、これの方が、女の人だってラクだよね。その結果嫌われる男もいるだろうけど、僕はね、喜多さんのように断言して下さった方があの時は良かった。

武田 僕は、例えば女房とどこか飯を食いに行くかっていう時「僕、どこでもいい」って言う人なの。何とかじゃなきゃ嫌っていうのはあまりないの。

窪島 そういう人に限ってね、料理が運ばれてくると「あ、俺玉子だめなんだ」とか言うやついるの。「何でもいい」って言ったじゃないかって、思うけどね（笑）。

武田 僕は決断力があるというよりは、何でも決めていい。ただ決めたことは言ってくれよ、と。僕が知らないことも多いの。みんな、僕がどうでもいい人と思っているのか（笑）。

想像力と喚起力

窪島　僕ばっかりしゃべりますけどね、この間、横浜のバーで飲んでいたんですよ。時々行くバーなんですけど。片隅でね。そしたら僕の方をチラチラ見ている、三十歳くらいの若者の二人連れがいて、こういう風体で夜中の三時頃だから、向こうは興味を持ったらしくて、マスターにしきりと聞いているわけ。あの人、どういう人？　マスターは僕が時々行くから大体のことは知っていてくれて、「美術館を長野の方でやっていて、本も出しているみたいよ。窪島さんっていう名前で」って若者たちに説明してた。そしたらその二人連れ、やおらスマホで、検索。画面見て「へぇー」とか「すげーな」とか言っているんですよ。「すげーな」の当事者はここにいるんだから、こっちに何か言えばいいでしょ。僕は、もう一杯おかわりして帰るまでに、少しは脚光浴びるかと思って待っていたのに、スマホからまったく顔も上げず、彼らはあれで満足なのかな。何だか変だね。

武田　窪島さんはスマホですか？

窪島　いや、ガラケーですよ。

武田　僕もそう。あんなものは使えない。スマートフォンとか何とか言って、みんなこんなことやっているけど、そんなものは全然。我々の年代はほとんどガラケーですよね。だけど、スマホとかパソコンがすごく便利なのは、何でも予約とかすべてが出来て、全部安く出来るんですね。ＪＲの切符でも。窪島さん、東京と上田の往復は？

窪島　そういうのは、スマホを持っているやつに、僕は聞きます。いま東京駅にいて、何時に出てどこそこへ行くのにどうやったら早い？　とか。

武田　僕は息子に「今度、上田までの切符買ってくれよ」と。すると彼がスマホでやってくれる。全部値段が違うから、そこまでされた方がいいですよ。美術館にいる人に。

窪島　こういう時代になると、伝統文化というのも、社会とか世間の受け入れられ方がずいぶん違ってきているんじゃないですか？

武田　まあ、今はどっちかっていうと、見てくれる人たちが、若者はいわゆるインターネット社会になって、そういうところから発信するもので来てくれる人が多くなっていることは、間違いないですね。

窪島　やっぱり。

武田　それと外国人とか。その人たちもそういうところから検索して、みたいなね。それは、いいことだと思う。いいことであるけれども、どっちがいいのかといったら、昔みたいに、習っている人だけが見に来て他の人は入れない、それくらい流行っていた時代があったでしょ？　それがいいか今がいいかといったら、僕は、芸のためっていうか、芸術を普及させるためには今の方がいいと思うんですよ。お能の会の解説は、最近どこの会でもやるようになったけど、一番最初に始めたのはうちなんです。能がわからない人が多いから、何か話した方がいいんじゃないか、ということで始めたら他の会でもするようになったんですね。今度の『関寺小町』くらいになるとお話ではなくて講演とするし、わかりやすい曲ならばお話はやめて、番組に簡単な解説を載せるだけにしたり、曲によりますね。

窪島　なるほどね。

武田　広くいろんな方が見て下さって、いろんな思いを言って頂くこともすごく大事だと思う。昔が良かったのは、やっぱりスポンサー的ですから、お弟子さん方というのは、支えて下さっていたという。その点では楽だったし我々バカでもいい、芸だけやってりゃいい、舞台だけやっていれば、って時もあった。

窪島　ただ、これはありふれた言葉ですけど、便利になって、利便性だけで物事が進んでいくと、やっぱりどこかで人間の持っている感性の大切なものが摩耗していっちゃう。例えばですよ。例えば僕が、一番最初に「山田楼」でお会いした瞬間、わずか三分か五分で、ああこの男、何か見かけはちょっとあれだけど、やってみようかって……何て言ったらいいのかな。そういう瞬間に相手のもつ何かをこう掴みとる力、というのはどうなんでしょうね、スマホの世界では。いま一番思うのは、僕は、相撲が案外好きだから見るんですけど、もちろんルールとしては、手をつかなきゃ立ち上がっちゃいけませんよね。

武田　いまはね。

窪島　でも、僕らの頃、そうですね、大鵬とか柏戸あたりまでは、昔の勝負見ているとわかりますけど、手なんかついてないですよ。

武田　ついてない、ついてない。

窪島　何故かっていうと「阿吽《あうん》の呼吸」っていうのがあったんですよね。相手に合わせなきゃいけない。ズルしちゃいけない、絶対に卑怯なことしちゃいけない。そういう衿持を一人の人間として、力士として背負っていたんですよ。ところが今は、手をつくことによって、ちょうどフェンシングの剣が突くとどこかで電気がつくようにね、そういう形でないと人間の阿吽を統制できなくなっちゃった。

武田　僕も子供の頃から相撲は大好きでずっと見てきて、相撲取りの友達もいましたね。古くは横綱栃ノ海、彼とはお酒もよく飲んだけど、彼の方が四つ年上だったからいつもご馳走してくれました。「阿吽」の呼吸、その通りですね。さらにもっと前は、二人とも手をついたままにらみ合っていましたよね。それこそ、「阿吽」の呼吸で立ち上がっていた。それから少しづつ手をつかなくなっていって、あまりに乱れたから「手をつけ」っていうのもわかるけど、今やっていることはおかしいと思う。

窪島　相撲は一番模糊たるスポーツの、曖昧の看板みたいなものでしょ、奉納する神事でありながら勝負ごとでもある、まつりごとでもある、ああいうものが生きて行けない時代っていうのは、空想力というか、喚起力が不足していくのが切ないですよね。お能については僕は素人ですけど、お能の解釈するのでも、空想力喚起力以外のなにものでもないじゃないですか。大体が、あの世でこんなことした、なんていう死者がわざわざ出てきて告白するんですから。

武田　（笑）。

窪島　男と女の情念だとかを、死者がいわば吐露するわけですからね。それを解釈する感じる力っていうのは、もちろん先生がおっしゃったように外国人が多くなった、インターネットでお客の間口が広がったというのは結構だけれど、しかし、何か僕は、一方ではとり落としていくものも多いんじゃないかなあ、っていうことを思いますね。

これは言葉の世界でもそうですね。例えば井上靖さんは絶対にベッドシーン、ラブシーン、濡れ場は書かなかったですね。最初の一行でこうしてああして、一行あけて「翌朝、みな子は」って書く。すると、その前の夜のみな子が浮かぶんです。ところが「翌朝っていうけど、前の夜何かあったの？」って聞いてくる人がいる。そこに具体的に書いてもらわないとわからないという人がふえた。

武田　（笑）。余談ですけど、井上靖さんの弟子が井上ひさしさんだったかな、僕が大学入った頃、彼はものを書き始めたのね。で、彼の友人が國學院の演劇部にいて「彼の書いた戯曲が面白いから」と持ってきて大学祭でその劇をやることになったんです。主役の女の子が決まって、その子が相手役は僕じゃなくちゃ嫌だと言い出した。それで僕が引っぱり上げられて出ることになった。でもその女の子を好きだった男に嫉妬されるはめになって僕は演劇部を辞めました。辞めるために歯医者さんから口内炎の診断書までもらってきてね。

窪島　（笑）。話を戻すとね、みんな写真や映像で、これでもかこれでもかと説明しちゃう。最近多いのは新聞の写真の説明文でね、「肩を落として議会場を出る安倍首相」。肩を落としているかどうかは、写真を見た人が解釈すること。あれが全部、想像力を消しちゃいますね。それから昔のモノクロ映画をわざわざカラーに変えたりしてね、考えられないね。ああいう神経が。

僕はある意味で、新聞のニュースの質を下げたのはカラーだと思いますね。昔はよっぽどのことでないとカラーは使わなかったんです。それこそ、千代の富士が千勝とかね、富士山が初冠雪したとか。

武田　僕ね、どの写真もそうだと思うよ。もう、カラーばっかりで。

窪島　もう、全部カラー。

武田　それが、百パーセントの色は出ないじゃない、どうやったって。

窪島　仮に出たにせよ、カラーは人の想像力の敵ですよ。頭のなかに色を作れるのは人間の頭脳なんですから。

武田　そういう面で、想像力っていったら能なんて、本当にお客さんの想像力によって成り立っている芸なんだからね。そこに色が着いちゃったらだめだよね。

窪島　どんな写真家の腕だろうと一流のカメラだろうと、本物にまさる色彩なんてありゃしないもの。それと、本物と出会った時の衝撃とショック。それに叶う訳がない。もっと謙虚であるといい。所詮「写真は写真」。そこに立たなきゃだめです。「これは本物以上でしょ」という提出の仕方は、むしろ写真のもつ本当の存在意義を低めていると思いますね。

それと、「わかる、感じる」ということですが、例えばレオナルド・ダヴィンチの『モナリザ』は、一般市民のサラリーマンの娘を描いているんですね。何でもない娘さんの顔を描いている。最初はあまり評判を呼ばなかった。しかし、向こう十年くらいかけて、ダヴィンチはその顔をコツコツ描き続けていくわけです。そうするとそこに、自分の日常の苦しみとか悲しみとか憂いだとか恨みだとか、いろんなものがこもってくる。しだいに、謎にみちたあらゆる人の悲しみ、苦しみを表わす顔になってくる。モナリザが。それと同じでね、お能もそうですしね、何ども繰り返して見るということは大切です。僕のような経験がない者にも、理解出来てくる。

武田　例えば、僕が何か舞っている。それをこの人はこう感じる、あの人はこう感じる、全然別でいいんですよね、本当に。僕はそう思っているんですけど「あれはこう感じるべきだ」とか言う人もいますね。それは余計なことです。よく「お能はどうやって見ればいいのですか？」と聞かれるけど、何でもいいんです。見たいところを見て、感じるものを感じればいい。でも見慣れない人が三、四回と重ねるとだんだんわかるようになるっておっしゃるから、それでいいと思う。

窪島　それは、そっくり絵の世界にも通じますね。表現者側の意図や思いと、その作品を鑑賞する側の感想は、本来スレちがうことのほうが自然です。しかし、何ども観ているうちに、だんだん絵と人のあいだが埋まってくることがあるんですよ。最近、とりわけ思うのは、無言館をやっていますと、まあ「やっています」っていうのも表現が変ですけど、多くの来館者は「戦争反対！」っていう思いで来るんですね。まあ、当然のことです。「平和は尊い！」もうタスキ掛けで「子供たちに戦争を伝える会」とかいうのが、土煙あげて団体バスで来るわけですよ。まぁ、お金が入るから歓迎はしますけど、あの人たちは一体、何を見に来ているんだろうな、って思いますね。つまりそれは、本当に掛け声だけになっちゃっている。

武田　うんうん。

窪島　もう、エイエイオーの掛け声なんだ。だから、戦争反対、戦争を子供たちに伝えるっていうお母さんたちの本当の声が届かない。おそらくあのお母さんたちは、自分の子供にコンビニの弁当を置いて、朝早く出てきたんだろうけど……。

武田 （笑）そうね。

窪島 それはそれは、「国防婦人会」みたいな感じなんですね。今のメディアの騒ぎ方もそう。ステレオタイプでね。何か肝心なものがちゃんと伝わっているんだろうかっていうことの不安っていうか。それを僕は今の時代に感じていて。確かに昔は不便だったしね、僕の家では新聞も取っていませんでしたから、ニュースを知る手段なんていうのは、飲み屋を始めて、お客さんが残していく新聞で「ああ、こんなことがあったんだ」みたいな感じで知るわけなんだけど、あの頃の方が密度濃く、いろんなことを考えたっていう気がするんですけどね。老害でしょうかね、こんな風に考えるのは。

武田 安保闘争の時、相当数の学生がデモに行って騒動を起こしていたけど、その学生たちの中で「安保って、何ですか」って聞いたら答えられる人いないんだもの。デモに誘いに来て「行かない。だって安保って、何？」って聞くと「いや、わからないんだけど、みんな行くし五百円とお赤飯くれるんだよ」。そうやって人を集めていたんでしょう。それが現実だよね。

窪島　そういえば、あのユニセフの黒柳徹子さんは本当に賛成しているのかなあ、あのコマーシャルというか資金を得るための……あれは「感動ポルノ」っていう妙な言葉があるけど、まさしくそうですよね。痩せこけた子供たちが泣いて訴えて「もう時間がありません」、あれは形をかえた暴力ですよ。あんなものをどうして許すのかなと。人の悲しみとか痛みを伝える時は、それを相手に感じさせる時間を与えるべきです。だって、首が半分取れかかっている人が「助けて」って叫んでいる姿をうつせば、人の眼を奪うでしょうが、それは同情でもなければ理解でもない。ある意味で本能に訴えている。黒柳さんはきっと、そんなことしたくないと思っていると思う。オレオレ詐欺のATMで、おばあちゃんおじいちゃんが騙《だま》されて、「これ以上ふやしちゃダメ」みたいな。あのリアリズムとは違うんです。強引に人の関心や感情を惹きつけるやり方は、一種の感動ポルノだと思うんですよね。人をムリヤリ感動させるのは考えものです。例えばうちの無言館にも投書があって、僕はその投書を大事にとってありますけど、「この画学生たちの持っていた銃の前にも、敵の国の画学生がいたはずである。それを日本人の画学生が恋人と別れた、最後の絵はこうだったという調子の、このお涙ちょうだいはいただけない」っていう手紙をいただきましたね。僕は、その方と今も文通していますが、でもあれは大事なことです。何か一方通行になっちゃうことが怖いんです。そういう手紙に返信を書くのは、相当なエネルギーですが、自分なりに真摯に向かい合いたいと思っています。

原稿に追われている時もあるし、「受付でこう言われた」なんていう苦情があると、館員に向かって「おまえがいい加減なことをやったからだ」と注意するだけでその時は済む。でも全部の責任は僕にありますからね、謝罪の手紙書くのはかなりのエネルギーで、何度も書き直したりね。でも、それはすべきです。

武田 でも、かっこいいよね。やっぱり、責任持つのは僕ですからって言えるのは。で、それをやるんですからね。逃げる方が多いんだよ。そういういい加減な人間だと僕はケンカしたくなっちゃうわけ。

窪島 ああ、あなたは川魚、僕はマグロってね(笑)。

定められた道

窪島　薪能でお会いしていた頃ね、僕すごく印象に残ったことは、志房先生の記憶にあるかないかわからないんですけど「窪島さんはいいよね。自分で自由なことが選べて出来てきた。僕の場合はね……」っておっしゃって。僕は、漠然と不勉強ながら、先生が能楽界の伝統ある血筋の中を歩まれていることは知っていましたから、すごく印象に残っていましたね。

武田　そうですか。窪島さんは勝手に生きているって感じでしょう？　そういう風に出来ることはいいことですね、ということだったんでしょう。ある意味では、僕はしばられる面もあります、能楽師としてね。好き勝手にはやりにくい。それは例えば、六十歳の時に本を出さないかという話をお断りしたのも、いろいろ語弊もあるだろうし、言いにくい事があったり、書かれた本人に意識されたら困るということがかなりあって。今になればほとんどそんな事もないですけどね。

窪島　もう一人同じことを言った人がいるんですよ。中村嘉葎雄っていう役者さんで、この人は僕の一番最初の小説、四十歳くらいで書いた『父への手紙』がＮＨＫドラマになった時の窪島茂、父親役ですね。靴の修理職人を演じたんですよ。これが素晴らしい演技で、明治大学の校門の前で靴の修理やっているところに中村嘉葎雄さんが来て、一晩修業されたんですね、茂の隣に座って。

武田　ほう。なるほど。

窪島　テレビのブラウン管の中で茂がもう一人誕生したような錯覚を覚えましたね。

武田　中村嘉葎雄って人は、僕の暁星中学時代の二つ上なんですよ。暁星っていうのは一学年百五十人くらいしかいないからみんな顔見知りなんですよ、中学高校。彼が選んだのは映画だったんですよ。錦之介さんに誘われて。そうしたらいきなりもうスターで。

窪島　いい役者さんですね。僕は「ああやって役作りをするんだなあ」と感心しましてね。で、母親の窪島ハツを演じたのは、もう亡くなりましたが藤野節子さんというベテラン女優さん。僕自身を演じる役者の候補は三回変わって、最初は原田芳雄さんだった。次が鹿賀丈史さん、三番目の候補が永島敏行さんだったんですが、スケジュールが空いていたのが永島さんで。原田さんっていうのはね、僕と同じような生い立ちを持っていた方で、「あまりに辛すぎてこれは演じられない」と彼の方から断ってきたらしい。で、ここが問題ですよ、僕の女房役を檀ふみさんがやった。いい女でねえ（笑）。僕はテレビ毎回見ていて、もう、生唾のんで「これが女房だったらなあ」って。

武田　代えてほしい（笑）。

窪島　そうそう、ほしいほしい（笑）。昭和三十年代おわりの東京オリンピック前年、高度経済成長下の小さなスナックからドラマは始まるんです。中村嘉葎雄さんの茂を中心としたドラマでしたね。その中村さんが「窪島君はいいよ、とにかく人生を自分で切り開けるし歩めるし。僕はもう、最初から『錦之介の弟』『中村家』っていうのがあって、生まれたら役者の道しかなかったんだ」ってことを鎌倉の由比ヶ浜のお宅でご馳走になった時、おっしゃっていました。印象に残りましたよ。そして、志房先生も同じことを言ったんですよ、とにかく自分には道が定められていた、と。でも僕はうらやましかったですけどね。今もこうしてお話させて頂いていても、うらやましさは続いていますよ。だって、ずっとその道を歩かれて、貫き通された。でも、お能の場合は、向き不向きはないんですか？

武田　ええ、あると思いますけどね。だから継いでない人も結構ありますしね。僕の身近でも、息子さんいてもやらなくて絶えた家は何軒もありますから。

窪島　はあ。

武田　父の仲間っていうのが東京に十人いたんですよ。先々代の家元の弟子だった人たちが。その中で三軒はいません。それも父と同じ立場の人たちだから、それなりの家ですよね。男のお子さんがいたけどやらないとか。うちみたいに息子二人ともやってくれているところもあるし。

窪島　その道に生まれるということの重さというのは、僕なんかにはわかりませんけどね。やっぱりおありでしたか？

武田　いや、まあ、わかりませんけれどね。僕は、能楽師宣言をする前でも、能楽師以外の道を真剣に考えたこともないし、父がそういう風に仕向けたとも思わないですね。僕が宣言した時も、特に喜んだという訳でもないし。僕が嫌だと言ったこともないから自然に能楽師になるだろうと思っていたんじゃないですか。すべて自然の成り行きのまま能楽師になったという感じですね。とにかく恵まれていたんですよ。父の息子に生まれたことも、武田の家の大きさと、稽古してもらったこと、まわりの能楽師の仲間というか、僕は一回り以上年上の人たちとも、十代の頃からお酒を飲んでいたから、自然とそこへ染まっていった。観世宗家へ行っても、もちろん左近先生も子供の頃から「志ちゃん志ちゃん」って可愛がってくれた方だから、何でもわかって下さっているし、こちらも先生の気持ちがわかる。例えば、先生がお装束をつけながら手を出されれば、何が欲しいのかがわかった。ちり紙が欲しいのか、タオルか、たばことライターか、何も言われなくてもわかるんです。一度たりともと言ったらオーバーかもしれないけれど、間違ったことがない。先生に叱られたのは、軽井沢の別荘を閉めに行った時に、頼まれていた「申楽談義《さるがくだんぎ》」を忘れてしまった時くらいです。

それはそうと、窪島さんとはいろいろ話が一致しますね。今の話、ちょっと興味深いのは、中村嘉葎雄さんの話なんかも初めて聞いたんだけど、僕、萬屋さんを知っているんですよね。

窪島　嘉葎雄さん、うまい役者でしたよ。決して萬屋錦之介さんのような大輪の花ではなかったけどね。

武田　渋い感じのね。錦之介さんとはけっこう何度もお会いしてしゃべったりして。最後の奥さん、宝塚の甲にしきさんとも偶然会ったり——。萬屋さんが家族ぐるみでおつきあいしていているっていう、大分の母親の味みたいな料理屋があるんだけど、そこは孫弟子がやっているものだから、ちょこちょこ行って食事するの。で、ある時行ったら甲にしきさんが四、五人で来て「先生ー」って向こうから声かけてきて。そうしたらおかみさんに「甲さんご存じなの？」って言われて「よく知ってる」って言ったら「えーっ？　うちも家族ぐるみのおつきあいなの」って、本当にびっくりした。またその店は面白くてね、高島忠夫さんの弟さんをよく知っていて一緒に飲む仲間だったんだけど、その人が若いきれいな女性連れて入ってきたの。だから声かけちゃ悪いと思って知らん顔して飲んでいたら、向こうから「清水さん！」って言ってきた。「高島さん、若い女性とご一緒だから声かけちゃ悪いと思って」って言ったら「いや、娘ですよ」って言われて、高島ちさ子さんを紹介されて。そうしたら娘さんすごく面白くて「父がお世話になりまして」って「いつまでもいつまでも子離れ出来ない父親でね、来るな、っていうのについて来ちゃったんですよね」って言うの。千五百人くらい入るホールでコンサートがあって、そこへ来るなっていうのについて来ちゃったって。ホテルに「どこかで和食を食べたい」って言ったらここを紹介されたらしくて。いろんなところで紹介されてくるようなお店なんだよね。

窪島　要するに全員が「マグロ」なんですね（笑）、お話聞いているとね。

武田　僕、大貫にいた頃はさ、どっちかっていうと大きい魚よりもちっちゃい小魚ね……。

窪島　先生、お願いしますよ、そういう問題じゃないんだ（笑）。食べていたのが小魚だっていう意味じゃないの、要するに身分が違うって言ってんの（笑）。

武田　いや、有名の度合いからいったら全然違うじゃない。

窪島　そういう問題じゃないんだ（笑）。

日本の文化行政

窪島　戦後、僕達は武田先生にしても窪島にしても、それぞれの生き方で切り開いてきたんですけれどね、さて、どうでしょう、今のこの時代。志房先生のように、いわば日本の古典芸術中の古典の道の中で育った人から見て、今の日本人の、自分の足元の文化をおろそかにする、僕はもう、日本語自体が滅びていっていると思えて仕方がないと思うんですが。

武田　まあ、そうだね。

窪島　何か感じますでしょう？

武田　そりゃ、もう。

窪島　本が売れる、売れないではなくて、日本人が母国語を失いつつある国民ですからね。漢字も読めない、書けない人が増えている。僕は「新しき文盲」と呼びたいですね。そういう時代に本を売るのは大変なことです。

武田 だって、どっちかというと国語審議会からしておかしいから。送り仮名が変わっちゃって、意味のない送り仮名になっちゃうし。ああいう役人たちがやっていたらどうしようもないでしょ？

窪島 そうでしょう？　ケーキ屋もおまんじゅう屋にしたりね（笑）。

武田 「少しづつ」とか言うのも、今は「す」に点点でしょう？

窪島 なるほど。

武田 「ずつ」でしょ？　そんな馬鹿なことある訳ないのに。そういうのをどんどん変えちゃうおかしな人たちだけど。実はちょっと、さる仔細があって今、文部科学大臣付の政務官の人と会って話したんだけど、若い人だったからそういう話もしたんですよ「変えちゃダメなんだよね」って、そうしたら「仰有ることはよくわかるんですけど、私たちは政治家で、役人に口出し出来ませんから」って言っておられたけど。漢字を書くのでも「今、この字は使われてない」とか何とか言うでしょ。たとえば

「真」っていう字なんか上が「十」とか「ヒ」とか、そういうのを全部認めた上で、国としてはこれを推奨するのならいいんだけど「その字はない」みたいなこと言い出すから。

窪島　うんうん。

武田　名前ならいい、とかね。そんな馬鹿なこと言ってたらしようがないんで。もう少し幅広く、もっと自由で、ただ、昔からやってきていることはそのまま受け継ぐべきだと思います。まずアナウンサーがダメになっちゃっているからね。アナウンサーはアクセントもダメになっていますね。今時の若者が作り出した独特のアクセントをアナウンサーまでが使ってしまっているでしょう？　役人もトップが五十代くらいだからわからなくなっている。憂うべきことだけど、どうしようもない。

窪島　ですから、言語にしても振る舞いにしても、変わり方は誰かの命令によって変わったり、ましてや法律によって変わったりするのじゃなくて、いわば民がね、たくさん時間をかけて、生活の中で揉んで、簡単に言えば、言葉の糠床《ぬかどこ》みたいなところに漬けて、そしてやがて味が変わっていくっていうならいいんだけど、それを突然、法律や教育で変えていっちゃうっていうようなね。確かにそれはありますね。

武田　学者もそうなんだろうけど、自分は頭がいいつもりで自分の案が通っちゃうから変えちゃうみたいな、ね。そういうところがあるから。

窪島　変わる、っていうことへの畏《おそ》れがないんですね。そういう点でも、今の日本の文化行政は駄目だと思います。アベノミクスも結構だけれど、文化ミクスがない。何でこんなに大切なものを捨てていかなきゃいけないのか。古いものは捨てて、新しいものを作れば、それが進歩だって。いやいや違う。違いますね。今の日本は本当におかしいですよ。

武田　日本は昔から、そういう面ではおかしい。文化行政はね。

窪島　本当にそうですね。お能に金を出せっていうようなことではないんです。つまり、お能を見る人を育てることに金を出せと。だって、本屋さんが無いんですよ、上田には。あることはあるけどみんなＣＤやＤＶＤに占領されて、本なんか見つけようとしても本が無い。それから満足なレコード屋、ＣＤ屋が無い。買いに行ったって無いんです。一時間二十分で東京へ行って八重洲のブックセンターに行った方が、簡単に買えちゃう。上田の町を散歩していて、本屋が無い、レコード屋が無いということは、簡単に言うとね、文化のインフラが無いということ。インフラの無い、謂わば水も飲めない、下水道も無い、そういうところで暮らしていて、急にピカソの展覧会開いたり、NHKのフィルハーモニー管弦楽団や小澤征爾さんを呼んだって、無理ですよ。日常で文化が育ってないんだから。

お能をやって頂いた時もそうですね。三千五百円のチケットを売るのに死に物狂いで頭下げて。美術館終わった後の五時から九時までかかって、いろんなところへ行ってね、「館長さんが言うなら一枚買っとくか」みたいな。しかし、来た人は等しく感動するんですよ。あの寺で、子供の頃竹竿持って遊んでいたあの三重塔のそばで、こんな本格的な能を観ることが出来るんだとね。理屈抜きに。僕は、それを味わせたいの。ところがね、やっぱりインフラが届いてないから「お能って、何?」みたいな人が多い。今頃になって、「薪能やらないの?」「もう一度観たい」って声が出てきてるけど、うるせぇ！　って言いたくなる（笑）。切符が高いのは大変辛いけど、庶民にとってはね。でも、そうした価値観ていうのは、守っていきたいね。そういう文化を受容する力がないとね。それは、映画とか歌謡ショーに比べてどうだとか、こっちが高いとか安いとか、そういうことではないだろうなと。つくづく思いますね。

　さっきも言ったように、僕はちょっとひねくれている、アンビバレンツの男だから、全部自分一人でやりたいんです。あまり他者の力とか、ましてや国の力とか。ただし、じゃあ何もかも自分の手でやっているかと言えば、いま、無言館には年間数百万っていう寄付が、名も知らない方々から集まってくる。僕は、いま勤めている館員たちに、それをもっと意識して欲しいんです。そういう人たちによって自分たちの仕事が出来ているってことをね。

　だいたいどんなことでも、全部お金がかかる。でもすべてお金だと言われれば言われる程、すべてはお金じゃないと言いたいし、言えると思うんですよね。だって、もっと言うならば、僕のようなスナックのマスターが「信濃デッサン館」と「無言館」っていう、二つの美術館作って、デッサン館三十八年・無言館二十年、それはただならないことです。その原動力は何かと言えば、お金が無いからです。みんなね、お金があったら何かが出来ると思っている。確かにその通りです。しかし、お金が全部無ければ物事が出来ないかと言えば絶対にそうじゃない。それでその足りなさ加減、これがピュアないい仕事を生むんです。そう力説しながら（お金が欲しい）って言ってる矛盾はあるけれども（笑）。ともかく、お金だけでは出来ない仕事があることはわかってほしい。この世の中にはね。そしてそこに共鳴して同調してくれる方々がいれば、それでやっていける。

武田　窪島さんがデッサン館や無言館を作ろうと思ったのも、薪能をやろうと思ったのも、気持ちは同じなんじゃないですか？　僕が最初に会った頃の長野のスタッフの人たちも、明大前の人たちも、みんな窪島さんを慕ってきているって感じでしたからね。給料が目的とか、そういう感じの人はほとんどいなかったように思う。窪島さんの思いにほだされたり、生き様を見て一緒にやろうという気になった人が集まっている感じでした。お能だってお金が大変だけど、館長がやるって言うならやろうじゃないか、と。舞台だって本当によく出来ていましたからね。六、七年前かな、一度キッド・アイラック・ホールで何か催し物があった時に行ったことがある。たまたま日程が空いていてね。でも「行くよ」とも言わなかったのにスタッフの人たちがみんな僕のことを覚えていてくれて、別の入り口から入れてくれたの。窪島さんも来て「どうも、しばらく。何で来たの？（笑）」「いや、案内もらったから」って。

海外公演

武田　そういえば、憶い出したんだけど、海外公演の時、ルーマニアのブカレストで二公演、オーストリアで二公演したことがあったのね。ブカレストは劇場が二千人くらい入る劇場だったんで、半分くらい、千人くらいかな。オーストリアの方は、急に決まった興行だったから四百五十人しか入れない劇場だった。売り出したら十五分で二日分売り切れちゃった。

窪島　ルーマニアの人は、当然のことながらお能なんて知らないわけでしょ？　でも、能はもう「ザ・日本」だよね。鼓の音一つで出てきて……それだけでもう日本だよね。

武田　不思議なくらい熱心だね。

窪島　ジャン・コクトーが「こんなに退屈な、眠気を催す芸術はない。しかし、これは日本だ」って言ったらしいけど。

武田　オーストリアなんて全然そうじゃなくて、オペラの国じゃない？　スゴいの、観客が。シンとする時は百パーセント、シンとしきるし、済んだと思ったら、わあーっと。出てこい池の鯉みたいな感じ（笑）。舞台は、ドイツのケルンに組舞台があるんだけど、その時はそれを使わずに、ステージの上に区画を作って、鏡板のかわりに幕を作っておろして、みたいなやり方でやった。すごくよく出来た。

窪島　ケルンか……戦没画学生の美術館というのは、日本のみならず世界中に無いらしいんですけど、ケルンに、絵描きだけではない、あらゆる芸術家を含めたアーティスト全体の博物館みたいなものがあるって聞いてます。もし本当なら一度行きたいなと思っているんだけどね。

武田　ケルンに置いてある舞台は、国際交流基金が持っているの。日本の交流基金が作って、ヨーロッパでお能がどんどん行われるからってケルンに置いていて、フランスでやってもあの辺でやるといつもトラックで運んでいたのね。ルーマニアとオーストリアの時は、二公演づつ四公演しかない。運搬費が何百万とかかるわけ。そんなにお金をかけられないから、ステージに線を引いてやろうって。

窪島 ドイツなんかはかなり理解があるでしょ。

武田 そうですね。そういう面では。一番理解があるのはフランス。

窪島 ああ、やっぱり。

武田 パリなんか、四日間公演やるっていって、一ヶ月前に売り出すと、まず一日たたずに全部売れる。パリが一番、外国ではお能の切符が売れるんじゃないのかな。ただし、塩田平の農家の人たちじゃないけど、四千円なんて切符は絶対に買わないよ、フランス人は。最高で三千円。二千円と三千円かな、切符は。

窪島 だって、五千円出せばマリア・カラスだってヘルベルト・フォン・カラヤンだって聞けるだろうから。

武田 それで結局興行を成り立たせなきゃいけない。パリの大きな劇場で千五百人くらい入れたって、とても日本からの飛行機代、宿泊代、全部出したら全然無理。だからスポンサーつかなきゃだめだね。

そういうこともあるし。まあ、でもたとえば黒柳徹子さんは、ろうあ者の狂言を一生懸命やっていて、それを指導していたのが僕の同級生の三宅右近君なの。その稽古するのに、うちの舞台でやりたいと。その頃に、小松政夫だとか栗塚旭だとか、その辺の役者連中もいっしょくたになって稽古したりしていて。で、黒柳さんはうちの舞台に対して恩があるわけですね。で、ある時、うちの娘が青山学院の初等部にいて、小学校五年生になると、自分たちで有名人を呼んで話を聞くっていうのがあったの。娘が、前の年が高田純次さんっていう役者だったけど、今年自分は役員的な立場にいて、前の年には負けたくない、って「お父さん、黒柳さんに来てって言って」って言ったんです。僕、黒柳さんの事務所に電話したら、たまたま本人がいて、「先生、わかったわ。いいわよ」って。黒柳徹子さんの一時間のおしゃべりは相当したのね。でも青学の初等部の子供たちのためだから「もう、お金のことなんて気にしなくてい

いから」。いいって言われたらいくらでもいいわけ。極端な話ゼロでもいいわけじゃない？「よろしくね」って言って日にちを連絡したら、実際本人が来て、学校中大騒ぎだったらしい。びっくりするくらい。その時の謝礼は結局十万円だったかな。二時間くらい一人でしゃべってくれたって。一時間の予定なのに。でも、その時娘が考えたのは、ユニセフへの寄付の箱。そこにもちゃんとお金が入ったし「素晴らしい会だったわ。ありがとう」って。人間ってそんなものだろうね。

窪島　先生だって僕のところで初めてやって下さったのは、それに近いものだった。

武田　ああいうものをね、うまくやったらいいと思う。僕達の側から言うとね。こういうヘンな時代になっちゃって。

窪島　そういう真心が通じなくなったね。

武田　文化とか何とかなくなっている、こういう時にこそ、ああいうところでね。

窪島　今日、帰ったら考えますよ。

武田　窪島さんが最初に言っていた、あの塩田平のね、農家の人たちにお能を触れさせたいっていうのもね、僕が提案したこともあるけどそれこそ、例えば坂城にだって、見に来いよって言えばバスぐらい出すだろうし。坂城の町長が面白い方でね。

窪島　知ってますよ。

武田　当然、顔見知りでしょ？

窪島　顔見知りです（笑）。

書くということ

武田　僕は、芸談っていうのは、面白いとはあんまり思わないな。みんな手前よがりで、無理やり言っている。何でそんなに背伸びして物言っているんだよ、っていうのが僕の本音。だから「書く」ということは嫌なのね。どうしても書くと偉そうになるわけよ。本音を書くと、まわりから「あいつ、偉そうに」って言われるに決まっていることしか書かないから。

窪島　本来、書くことは、そうではないんだけどね。むしろ自分の恥部をさらけ出して、退路を断つ。自分の逃げ場を断つのが書くことですよ。書いたあと、町内を胸張って歩いているような物書きはロクなもんじゃない。やっぱり書いたあと、世間に顔向け出来ない、外には出られない、っていうのが本当の物書きですよね。

武田　なるほどね。父なんかさ、本、作る時なんか、書いてないんだもの。あった原稿で作っちゃっただけなんだ。インチキだな（笑）。

窪島　作っちゃっただけって、もともとお父上が書かれたものなんでしょう？

武田　いいや、インチキだ（笑）。

窪島　書物はアーカイブです。すべてが、記録です。書き手は、そういう信念を持つべきだと思います。

これは新聞の話ですけど、昔、十年くらい前、読売新聞に「編集手帳」ってコラムがあって、その前の晩の夕刊に載っていたんですけど、墨田区の業平かどこかで、新聞配達のおばちゃん、六十四歳って書かれてありましたけど、そのおばちゃんが明け方、新聞を配っていたら雨上がりで滑って、線路で転んで、始発電車にはねられて死ぬんです。彼女は死ぬ直前、散らばった新聞を闇の中で一生懸命かき集めている時にはねられた。翌日の編集手帳にその事故のことが書いてあって、最後のほうに「四つん這いになって、夜の踏み切りで新聞をかき集めていた彼女。彼女の死を悼む」、そして、そのあとに「果たして闇の中でかき集められるだけの文章を記者は書いているや否や」、これは良かったですよ。一人の人間の命に値するものを自分たちは書いているか。あれは心を打ちましたね。まさしく、人の手に文章が手渡されるまでに、万余の人の協力があるでしょう。これはどんな分野でも同じですね。だれも一人で舞っている訳じゃない。

先生は舞う方だけど、そこに謡う人、鼓打つ人、舞台作る人、陰にたくさんの人がいらっしゃいますよね。ひとつの能舞台を表現するのに、当然のことながら一人のスターを支えるたくさんの人がいる。いま、物を書くのも同じでね、百パーセント同志なんです。本を出してくれる人たちが。これ、みんな闘っているんです。だって、書いたからって別に儲かる訳じゃない。出版社の人はもっとたいへん。しかし書き手は出したい。出版に関わる人はすべて同志です。何人もいますね。大出版社にもいま少なくなったんだけどね。一人でも、二人でも、作家の最後の作品を看取って死んでいきたい、みたいな人がいるんですよ。

ずっと昔のことですが、ある日、三省堂さんに行ったら、開けてない箱があったんですね。それは僕が出した本の箱なんです。そこに、殴り書きというか、「水上勉の長男」って書いてあるんです。で、棒が引っ張ってあって、最近出たテレビの番組名が書いてある。つまりそれは、浅ましいまでの、段ボールを開けてくれっていう叫びなんです。それを扱っている出版社や書店に感謝しましたね。僕はそこに、同志愛を感じましたね。たとえ僕にしてみれば不本意な紹介の仕方であっても、すごいなと思った。そうまでして真剣勝負で挑んでくれているなってことがわかったから。自分のええかっこしいだとかアイデンティティっていうのは置いておいて、懸命にやってくれているなっていうことに、とにかく僕は頭を下げたい気持ちだった。結果的にその箱が開けられたか開けられないかもわからないけどね。そういう状況ですよ。でも僕は自分に何が出来るかっていったら、書くことしか出来ないから、書きます。

本の面白さっていうか存在は、さっき何気なく話したようなことですよね。ネットなんかですと流れていっちゃうけど、本っていうのは、いま本屋さんも大変苦労して、本が売れない時代ではあるけど、それにしてもやっぱり、何人かは買ったりしているわけですよね。その本はいつか、どこかのだれかの書棚で発見されたりする可能性をもつ。伝わっていくんですよね。だから、書店を失うっていうのはね、書物の林を失うってこと。これはゆゆしき問題だと思います。

同じ現象は、美術館にもあって、最近はテレビやネットで知れ渡った絵描きさんの展覧会は大繁盛だけど、無名の画家の作品を美術館でみつけて感動するといったことはほとんど無くなっている。やれ若冲には何十万人、草間彌生には何十万人という人が押しかけるけれども、いったん無名、新人となると、まったく人が足を運ばなくなる。つまり、あらかじめメディアが宣伝し、一定の評判を得た画家でないと、美術館が展覧会を開催しなくなっている。客さえ入れば、タレントの絵でもいいいんじゃないかということになる。それのほうが、公立の美術館には予算がつきやすいしね。

僕は、美術館は「花屋」に似ていると思う。よく売れる胡蝶蘭やバラばっかり置いておいても、それは「花屋」とは呼ばない。まだ多くの人に知られていない花、手にとって初めてその香りに魅了される花、そんな名もない花をウインドウに並べてこそ「花屋」なんですから。

武田　最近、本屋はどんどんなくなっていますよね。東中野の駅の向こうにあった本屋も半年前に閉めました。あそこは昔、高倉健さんが来ていたらしいんですけどね。

凝縮された力

窪島　当たり前だけど芸歴七十年で披く『関寺小町』の稽古はされているんでしょ？

武田　してない。僕、稽古しなくても何でも出来るから（笑）。

窪島　稽古しない……？

武田　（笑）。というか、例えば北海道、東京、京都、大阪、神戸、福岡の能楽師が集まって、この曲をやりましょうということになって、みんなの実力が同じレベルなら申合《もうしあわせ》（註・打合せ）だけで舞台は成立するんです。そのくらい能は型になっています。あとはお互いの信頼だけですね。それと、囃子・地謡・舞、それぞれ他に合わせてはいないんです。舞に合わせて謡ったり、囃子に合わせて舞うのではないんです。それが能楽の歴史であるけれど、そこに技の足りない者が混ざっていると出来なくなるということはありますね。

『関寺小町』は言ってみればほとんどの人が舞えない曲です。舞えるのはごく一部の人だけで、今、能楽協会に所属する能楽師は千二百人くらいかな、そのうちシテ方は八百人くらいですか。その中でせいぜい十人いるかいないか、そのくらい「舞えない」曲です。今回、まずお家元に「舞わせて頂いてよろしいでしょうか」と、だいぶ前にお伺いして「どうぞ、是非やって下さい」と言って頂いてお許しを頂いた。お家元から型附《かたつけ》（註・舞台上の所作を先人が書き記したもの）などを頂いたのですが、この宗家にあるものというのは、父が『関寺小町』を舞った時、ご先代から古い資料を頂いてひもといたものもあるし。お家元からいろいろ頂いたもので、自分で構想を練って、お家元にお目にかかって、ここはこういうやり方にして、と申し上げてお許しを頂いた上で、囃子方やワキ方にこうやりたいと説明して。この間準申合を行ったんです。地謡も全員来てもらって。あとは本番の一週間前に申合をして、それで当日、ということですね。明日はお家元の所の面《おもて》を拝見するので、当日の装束を持って伺います。そこで最終的に様々の事が本決まりになるわけです。それくらい、いろいろ慎重に、綿密にするのもやっぱり大曲だからっていう事ですね。

僕自身『関寺小町』の玄人の舞台に接したのは今まで二回だけですから。父の時と梅若万三郎さんの時ですね。ご宗家ですら、今の二十六代お家元に至るまで『関寺小町』を舞われた方は半分もいらっしゃらないと思います。シテ方の中でも特別な家の者しか出来なかったんですが、父が舞ってからはいろいろな家の人が舞うようになりましたね。亀井忠雄さんは『関寺小町』で大鼓を打つのは今度の僕で十回目と言っていました。そのうち三回は片山幽雪さんで。彼は他流でも打っていまして、それでも十回目ですから。地頭の梅若玄祥さんも地謡十回目だそうです。

お能はその時限りで、何か形には残らないけれど、消えてなくなるとは思わないですね。自分より、見た人の心の中のどこかに残ってくれればそれでいいんじゃないかな。評価は気にしないですね。実は小野小町っていう女性は『草子洗小町』でも『卒都婆小町』でも、僕の中ではあんまりイメージが良くない。やはり高慢でね。そういうつもりでやっているの。でも『関寺小町』はそういうところが全くない。この時の小町が初めて心が豊かになったと解釈したいんです。

窪島　へぇ……やっぱり能楽界の本マグロだな。『関寺小町』はそんなに別格の演目なんですね。いままでお話聞いていて、舞台上の先生と自由奔放な先生と、どっちが先生の本体なのかと思ったら、やっぱり舞台ですよね。当然ですよね。パチンコやろうが何をしようが、酒たばこやろうと何しようと、一切が、簡単に言うと九割八分までそっちに奪われても、残りの二分に能楽の魂が結集しているんですよ。大体本モノはそういうものですよね。これは物を書く世界もそう、みな同じだと思います。

武田　僕はね、パッと集中する。集中力がある。それだけは言える。好きなことだけね。

窪島　でも、本当に不思議ですよね。簡単な言い方すれば、一芸に秀でた人は日常は全然社会性もないし、少し常識に欠けていたりもする。しかし、本来自分にあたえられた道に対してだけは、やっぱり魂が凝縮されるんですね。塗り絵でいえば本来塗るべき部分は置いといて、塗らないでいい部分を塗ってゆくと、最後に残ったものがきちんと形になって見えてくる。絵描きでもいるんですよ、そういう人が。おそらく先生の場合もそうなんだと思います。

武田　なるほどね。

窪島　つくづく思うのは、門外漢の余話ですけどね、お能なんかは典型的だと思うんですけど、あらかじめ型がある。延々と往古十四世紀から続いてきたお能という古典詩劇の型がある。しかしそこに舞う者の、一個の人間としての情念が加わり、解釈が加わり、時々の感情が加わってくる。そして同時に、そこにガチャッと、にっちもさっちも行かない能という十四世紀以来伝わった鋳型のようなかたまりがあたえられる。とにかく、突然橋掛りから出てきた幽霊や罪人が、きかれもしない身の上話やザンゲ話を延々と謡って舞うんですからね。つまりお能の素晴らしさは、どれだけ人間の魂が悶々としているかの姿なんだと思う、僕は。文学にもね、厳然とした文学という、多くの人たちが経てきた、一つの概念値というものがあるでしょう。自己表現はその鋳型の中でどれだけ悶え苦しむかが勝負なんだと思う。表現ってそうですよね。どうぞそのお皿の上で勝手に踊って下さい、勝手にやって下さい、では表現にならない。能はその極限だと思いますね。あんな不便なものないですよ。舞い手のコンディションはあるし、だから白洲正子さんが『蝉丸』のシテ「逆髪」を舞われた時

「自分の思いを激しく伝えたかった」と。ところが能の批評はそれを全部否定した。あんな風にやるものじゃないと。抑えに抑えて、静かに逆髪を演じるっていうのが能の本当の表現だという。でも、僕は白洲先生の気持ちもわかる。お能っていう鉄槌を下したような、にっちもさっちも行かない、型っていうものがあるんですが、能はたぶんそれとの闘いなんですよね。しかし生身で生きていらっしゃるじゃないですか、能楽師は。そこに能芸術の凄さがある、と僕は思うな。あくまでも、シロウトの感想ですけどね。

能の舞台での激しさとか、静けさとか、シテやワキ、乗り移った霊魂のありようは、観能する側に託されるべき問題ですよ。物を書いていてもそうなんですよ。書き切ったと、どうだ感動しろと、ここまで言ったぞという文章は、ロクな文章じゃない。

武田　そうそう、間違いない。それは僕達が舞台やってもそう。今日はうまく出来た、僕は良かった、と思っていたものは良くないの。

窪島　何なのでしょうね。それは永遠の問いですね。

武田　今日うまくいったなと思う時はやっぱり良くないんだなっていうのは、今は感じる。十年くらい前からね。

窪島　先生がおっしゃっているレベルからはストンと落ちるんですけど、講演でも感じますね。僕は今、お金が欲しいから講演やっているんで、本当はやめたいんです。やめたいけど行けば、五万、十万になる。美術館でボーッとしていたってお金にならないし。それに、悪いけど、原稿料で五万もらうっていうのは並大抵の苦労じゃない。十日くらいかけて原稿書かないとダメ、でも一枚五千円もらっても十枚五万円でしょ？　それは大変です。それにくらべると、講演は楽なんです。ただ楽だけど、しゃべり終わったあとね、先生が言った通りですね。うまくしゃべった、今日はうまくいった――ことごとくダメですね。百パーセントダメです。持っていった本の売れ行きも悪い。今日の反響がどうだったかがわかります。むしろ、今日うまくいかなかった、しどろもどろだったな、あそこでしゃべること忘れちゃったな、その時の方が聴衆を惹きつけるし、本も売れるんですよ。これは不思議です。つまりそれは何かっていうと聴く側に託する部分があるからだと思うんです。聴き手に、言葉の受け手に。六十パーセント言ったら四十パーセント任せておいて下さいっていうところがある。ところが、自分が百パーセント言い切ったとか、九十パーセントとかっていうと、それを受け止める側の心の入る余地がない。これは、つくづく最近わかりますね。

それはそうと、そんな自由な人が、能楽界でしばられることに抵抗感はなかったんですか。

武田　しばられてないもん、僕は。好きなように生きて来ているから。例えば勝手に自分の部屋にテレビ買っていても何も言われないし、手前の範囲でやっているんだから文句ないだろう、くらいの気持ちですからね。

窪島　正直だもんね。

武田　大分の能楽堂が出来た時、大分市から派遣されたOさんって人がいてね。舞台のことをいろいろ聞いてくるから「あそこは音が悪いから下を調べた方が良いね」とか、僕が言っていたんですね。柿落としは、先代が「翁」当代が「千歳」をやっているんだけど、その方がある日、僕に言ってきたの。「先生、ここにはいろんな先生方がお見えになりますけれども、必ず事務所のガラス戸を開けて「おはよう」って言って下さるのは、先生と清和先生だけです。事務の者はみんな喜んでいます」っていうから、あ、そんなもんかと思って。僕は当たり前のことをしているだけって、そんな感じ。

窪島　志房先生はね、舞う時に舞台の末端、一番はじにいる昨日はじめて来たバイトみたいな人にも、ちゃんと目を配っているから。

武田　ふふふ。

窪島　「謙虚」と「傲慢」はマンションの隣り合わせに住んでる。下の階には「慇懃」ってのがいたりする（笑）。

事実に歌わせる

窪島　急に憶い出したんですが、新潮社に斉藤暁子さんっていう尊敬する編集者さんがいて、僕の初期の評伝『日系画家野田英夫の生涯』は、彼女が担当で新潮社から出させてもらったことがあるんです。その時、初めてあの矢来町の本社で、向こうで輪転機が回っているといった感じのところで最後の手入れというか、徹底的に書き直しをさせてもらった。今から思うと、あれは本当に勉強になったですね。あとからどなたかから聞いたことですが、大岡昇平先生は校正の赤字入れは案外見切りが早くて、比較的早く原稿を手放すんですって。でも後日、先生はぶらっと下駄はいて散歩に出た時など、かならず近所の本屋に入る。そして、その本屋に並んだばかりの自分の本に、赤鉛筆出して訂正しちゃうという話をきいたことがあります。

武田　（笑）。

窪島　店員が、何だこのじじいって。

武田　（笑）。

窪島　でも、僕から言わせれば、大岡昇平さんが赤入れた本、欲しかったな。
ところで最近ね、四十歳の頃書いた、唯一テレビドラマになった『父への手紙』を読み返してみたら、やっぱり面白いの。偉い作家さんでもみんな同じこと言うんだけど、やっぱりあの頃にしか書けなかった文章なんだね。付け加えることも無いし、消すところも無い。面白いものですね、なかなかそこを越えられないんですよ。

水上勉と大岡昇平は、愛憎半ばの師弟関係でしてね。大岡先生が父について、僕に遠回しに教えて下さっていたことがたくさんあるんです。じつは大岡先生は、水上勉と出会う前から存じ上げていた先生なんですが、先生はご存知の通り、詩人画家だった富永太郎の研究家。弟の富永次郎とは成城学園で一緒だった。そして、富永太郎は村山槐多の影響を受けている。で、村山槐多の絵を集めていた窪島に大岡先生はすごく関心を寄せて下さって、成城学園にある民俗学者の故柳田国男邸の書斎の「緑陰小舎」で、これは僕がつけた名前なんですけど、信濃デッサン館が建設される直前にお披露目展を開いたんです。そこへ大岡先生が来られた。先生が来て、村山槐多のことを教えて下さいって言われたんですね。何たって、あの文豪の大岡昇平先生だもの、僕は舞い上がったんですけど、それからまもなく僕が水上勉と対面したってことが新聞に報道されて……これは僕がよく本に書いているんですけど、大岡先生から電話があって「厄介なやつと会っちゃったな。これから君の仕事は大変だな」っておっしゃって下さった。ま、不思議な縁でしたけれどね。

大岡先生は水上文学をやんわりと否定なさっていた。父の水上勉が、自分の幼年期のことを書いた本をお読みになって、事実をきちんと調べないで文章を作っちゃいかんとね。父と二人して大岡邸の新年会に出て行ったら、大岡先生がその話を持ち出して、感動したのはそれに対して水上勉がとても素直に耳を傾けていたことでした。そのとき、大岡先生は「事実に歌わせる」ことの大切さを力説された。たとえば、フィリピンの何々村で戦争があって爆弾が落ちた、鶏が何羽死んだ、までをとことん追求するのが大岡昇平。そこから『野火』も生まれたし、『レイテ戦記』も生まれた。水上文学はね、きわめて巧みにそこをはしょる。調べなくてもわかるというか、想像させるというか、まず読み手の心を掴んじゃう文章。でも、大岡先生はそれを、どちらかというと否定していました。だから父水上勉にとっても、大岡先生は何とも言えない指導者であり恩師だったんじゃないかな。ステキな関係だった。

武田 今の話の中にも僕、縁があるの。柳田国男の講義を受けていますからね、國學院で。金田一京助、久松潜一、その辺の（笑）。

窪島 あなたね、久松潜一、その辺の、なんて言わないで下さいよ（笑）。

武田　友として考えると、窪島さんはすごくいいよ。何の遠慮もなく勝手なこと言えるし、それが一方的だったら嫌だけど窪島さんだって僕に勝手なこと言ってくれて。そういう人って少ないんですよね。何でも言える仲ですね。

　何回目かの前山寺の能の時に、女房と上田の、山の方にいった温泉に泊まろうって宿をとったんですね。で、窪島さん来て、一緒に酒を飲んだ。そしたら珍しく泣き言いうんだよ。「今回もお客さんが少なくて」って。彼が払ってくれるって話でそこへ泊まったんだけど「もう、いいよ」って、翌日勘定済ませて「もう払っておいたから」って言ったら「どうもありがとう」。これが友達なのよ。それが「いえいえ、先生、それはダメです。私が払います」とか言ったら友達じゃあない。

窪島　何か僕を責めてる（笑）。

武田　違う違う。それをスッと受け入れるのが、やっぱり友なんです。

窪島　いや、友達じゃない、払うべきだ、僕が（笑）。過去の僕が。

武田　この間の出版記念会は行かれなくて残念だったけど。

窪島　先生の場合は、僕みたいに一人でポンッと落下傘みたいに降りたような講演会じゃなくて、多くの地謡とかが連れ添うから、羨ましいな。

武田　あの日は、たまたま高山だったからね。

窪島　いいのいいの。「不在の愛」っていう言葉があるの。たとえば結婚式でも、本当に愛する彼、本当に忘れられない彼女は、その席上に来てない場合の方が多い。「不在の愛」って、あるんだ。

先生、時々思うんですけどね、自分にはもうタイムリミットが来ているからそろそろ、最後にもうちょっとマシなもの書いて死んでいこうかなんて考えているんですけど、ふと「自分は縫いぐるみのような人生だったな」とふりかえる時があるんですね。つまり、たとえば母親にしても、僕を預けてフィリピンで死んだ学生さんの山下さんにしても、ある意味みんな戦争の犠牲者だった。僕の縫いぐるみの中にはそんな人が入ってくれて美術館をつくり、僕を動かしてくれているんじゃないかなと、ふと思う時があるんですよ。野見山暁治という復員された画家さんと出会ったのだってそうだったしね。どう考えても、縫いぐるみなんだな。こんな可愛い縫いぐるみ（笑）。かなり、僕はこの「縫いぐるみ説」は気に入っているんです。先生は、お能の縫いぐるみ。ちゃんと血脈が通じて、観世流が仕立てたパリッとした縫いぐるみだけど、僕の場合は、捨てられた縫いぐるみにいろんな人がもぐりこんで、今の自分を作ってくれたたって気がします。

あと十日くらいすると、某出版社から『愛別十景』という、人の出会いと別れだけを書いた本を出すんですけど、別れって言っても、中には犬との別れもある。最後に選んだのが河野裕子で、同じ歌人で夫だった永田和宏さんとの死に別れです。別れって、辛いけどいいですね。別れって大切ですよ。だって、人間に別れのない出会いはないんですから。だれだってやがて死ぬんだから。

心を打つのは作家の城山三郎さんで、容子っていう奥さんとの別れを書いた「そうか、もう君はいないのか」っていうエッセイ集が泣けるの。彼女のガンがわかって、一年何ヶ月連れ添う闘病記も良くて。別れの辛さ、悲しみがあってこその人間の出会いがあるわけですね。簡単に言えば、死ぬっていうことがあるから、こうやって生きているのが素晴らしいように、ね。これで死なないと、今日も流れ解散になりますよ。まあ、この次でいいんじゃないの？　なんてね。好きな人との別れっていうのは、好きな街との別れ、自然風土との別れでもある。逆を返せば、どんな場所でも、信じる友がいたり、愛する人がいれば、その場所は特別な場所になる。その人がいなくなると、ちょうど親がいなくなったふるさとと同じで。でも、人間には死があるから素晴らしいですよ、なんて本です。これもめちゃくちゃ売れないだろうな。こんな売れないことがわかっている本ってすごいよね（笑）。しかし、書きたいと思っている人はくじけちゃいけない。へへ、僕に言ってる。

武田　僕は本当に、人に恵まれていると思います。いろんな方との出会いがあって。だって人と出会うってことはすごく素敵なことだから。

窪島　いろんな意味で、先生にとって僕は越境者でしょうね。能にはズブ、、シロ、、だし、先生の日常おかれている世界とか、自分の辿ってきた歴史を含めて、接点なんて一つも無いんですよ。でも、無いからこそ接点があるっていうか、心許せるんです。ややこしいんですよ、知識とかいうことでない触れ合いが生じるのは、人間の弱さだったり寂しさだったり、駄目さ加減、これが人を惹きつける一番の要素ですね。これが、全部立派でつるつるで、心がテフロン加工みたいだったら近寄れないですよ。やっぱり弱いところのある、相手から見たら「何だ、この男」っていうような男。そこがとりわけ芸術というか、自己表現にうちこんでいる人にとってはたまらない魅力なんです。越境者歓迎です。

武田　(笑)。何話しても、同じ時代っていうのがはっきりわかるのね。

窪島　武田先生とは、同時代を生き抜いた親友。

武田　いいんじゃない？　親友じゃなくて心友でいい。

窪島　心の友か。いい言葉だ。

武田　いや、でも心の友だよね、と思うの。それで良いんですよ。

（平成29年8月21日東京・東中野武田邸及び西新宿たくあん牡丹亭にて対談）

あとがき

窪島誠一郎

何しろ「シテ」と「ワキ」の区別も満足につかぬような能オンチの男が、観世流能楽師の第一人者武田志房先生に対談を挑んだ本である。

こんな大それた本が出版されたのは、たまたま私の書棚に先生の父君である故武田太加志先生の随筆集『二人静』があるのに、同書の出版元だった三月書房の渡邊徳子さんが眼をとめられたのがきっかけだった。私が以前から志房先生を存じ上げ、先生とは半歳ちがいの同世代で、何回か信州の美術館でも薪能（それはそれは美しい能舞台だった！）を催してもらったことがあると話すと、「ではお二人に能と美術の話を」。あれよあれよというちに、一献傾けながらの夢の対談が実現しちゃったというわけである。

だから、この対談集は、相互が勝手にしゃべりたいことをしゃべり、笑いたいときに笑い、承知できないことには遠慮なく首をふるという、いわば「予定調和」や「忖度」のまったくない酔いどれ放談録となった。なまじ能の知識のない私相手だったから、志房先生も肩の力をぬいて相槌をうち、肯き、あるいはふだんお話にならないような心裡《うち》を吐露して下さったように思う。怪我の功名とはこういうことだろう。

ただ、話すうちにわかったのは、私たちが想像以上に同じ時代を生きた「昭和ッ子」だったということ。

終戦直後の混乱と食糧難、疎開体験、一億総貧乏暮し、やがてやってきた東京オリンピック、経済成長下の思い出等々、話せば話すほど私たちの距離がちぢまった。能楽界の第一人者であろうと、しがない私設美術館の主《あるじ》だろうと、吸ってきた時代の空気に変わりなかったのである。お互いの少年時代を語るとき、私たちは腹をへらし、青洟《ばな》をたらし、竹ザオをもって野山を駈け回る半ズボンの悪ガキになった。

対談中、志房先生の口から、離婚されたご両親の記憶や、変らぬ生みのご母堂への深い愛情と感謝をおききしたときには心が濡れた。どんな世阿弥の幽玄を舞われても、前世の物の怪《け》を演じられても、先生の舞いの底にある今生の人間への優しさの秘密を知った思いがしたからだ。幼く生みの母と別れた経験は同じだったが、私は母に対するわだかまりを、今も捨てきれずに生きている男だったから。

あの頃の「昭和ッ子」の大半は、だれもがそんな愛に飢えた孤児《みなしご》だったのかもしれない。

著者紹介

武田志房（たけだ・ゆきふさ）
能楽師。シテ方観世流職分。昭和17年故武田太加志長男として東京に生まれる。昭和39年國學院大学文学部国文科卒。父及び二十五世観世左近に師事。東京芸術大学非常勤講師、（財）観世文庫評議員を歴任。現在公益社団法人能楽協会参与、一般社団法人観世会顧問、公益財団法人武田太加志記念能楽振興財団評議員。重要無形文化財総合指定保持者。平成24年旭日雙光章受章。本名清水志房。著書に『能楽師の素顔』（三月書房）
公益財団法人武田太加志記念能楽振興財団 HP　URL http://ttmnf.or.jp

窪島誠一郎（くぼしま・せいいちろう）
信濃デッサン館・戦没画学生慰霊美術館無言館館主。作家。昭和16年東京に生まれる。印刷工、酒場経営などを経て昭和39年東京世田谷に小劇場の草分けとなるキッド・アイラック・アート・ホールを設立。昭和54年長野県上田市に夭折画家の素描を展示する「信濃デッサン館」を、平成9年には同館隣接地に戦没画学生慰霊美術館「無言館」を設立する。平成17年「無言館」の活動により第53回菊池寛賞受賞。平成28年平和活動の業績にあたえられる第１回「澄和」フューチャリスト賞受賞。
主な著書に『父への手紙』（筑摩書房）『信濃デッサン館日記』（平凡社）『無言館ものがたり』（講談社）で第46回産経児童出版文化賞受賞。『鼎と槐多』（信濃毎日新聞社）で第14回地方出版文化功労賞受賞。『蒐集道楽』（アーツアンドクラフツ）『最期の絵－絶筆をめぐる旅』（芸術新聞社）『日暮れの記』（三月書房）他多数。

同じ時代を生きて

二〇一七年十二月二十日初版発行

著　者　武田志房
　　　　窪島誠一郎
発行者　渡邊徳子
発行所　三月書房
〒101-0054 東京都千代田区神田錦町三―十四―三
神田錦町ビル二〇二　電話・ＦＡＸ　〇三-三二九一-三〇九一
振替東京　〇〇一一〇-〇-五三二二五
印　刷　日本ハイコム株式会社
製　本　三修紙工株式会社

Printed in Japan　ISBN978-4-7826-0229-4

日暮れの記
「信濃デッサン館」「無言館」拾遺

窪島誠一郎

二五〇〇円＋税

「信濃デッサン館」「無言館」館主を長年務める著者が信州上田での日常や懐かしくよみがえってくる若い頃の思い出を綴る書き下ろし27篇を含む随筆集。

能楽師の素顔

武田志房

二五〇〇円＋税

シテ方観世流能楽師の著者が、古稀を記念して飾らぬ素顔を余すところなく綴った初エッセイ。能楽師になった二人の息子との鼎談、演能年譜も収載。

芸のこころ

八世 坂東三津五郎
安藤鶴夫

二〇〇〇円＋税

不出の名優と演劇評論家が「芸の真髄」を自在に語り合った、熱のこもった心の対話。大切にしたい日本人の心のありようが浮かび上がってくる。

随筆 美の詩

後藤　茂

二二〇〇円＋税

衆議院議員を6期16年務めるかたわら美術・文学に造詣が深く、多くの芸術家と親交があり文人政治家とも呼ばれた著者が綴った最後の美術随想。